Inhalt

Küchenpraxis – leicht gemacht

Frischkost
Bunt und knackig: Frischkost-Salate	2
Frisches aus dem Sprossengarten	7
Geschmack und Vielfalt: Frischkorn-Mahlzeit	12

Gemüse und Kartoffeln
Schonend gegart: Gemüse und Kartoffeln	17
Gemüse: Durch milde Säure haltbar	22
In Form gebracht: Kartoffelteige und -massen	27

Hülsenfrüchte
Erbsen, Linsen, Bohnen: Hülsenfrüchte auf den Tisch	33

Getreide
Nicht nur für Körner-Kenner: Mit Getreide kochen	38

Milchprodukte
Prickelnde Frische: Joghurt und Kefir selbst gemacht	44

Teige
Aus dem eigenen Ofen: Pikantes aus Hefeteig	49
Schmeckt frisch am besten: süßer Hefeteig	54
Locker und luftig: Biskuitgebäck	59
Schnell gerührt: Kuchen und Gebäck aus Rührteig	64
Ideal für Kleingebäck und Kuchen: Mürbeteig	69
Kochen – abbrennen – garen: Brandteig	75
Eine zarte Hülle für die Fülle: Strudelteig	81
Mit Sauerteig und Backferment: Vollkornbrote selbst backen	86
Kurz gerührt und schnell gebacken: Pfannkuchen	92
Teigwaren selbst genudelt: Nudelteig	97

Brotaufstriche
Streichfähig gemacht: Brotaufstriche	103
Frucht im Glas: Marmelade selbst gemacht	108

Suppen und Saucen
Fein, herzhaft oder deftig: Suppen und Saucen	113

Desserts
Der i-Punkt des Menüs: Creme, Pudding & Co.	118
Erfrischend und fruchtig: Selbstgemachtes Eis	123

Bunt und knackig: Frischkost-Salate

Ein wesentlicher Bestandteil der vollwertigen Ernährung ist die tägliche Frischkost. Dazu gehören neben frischem Gemüse und Obst auch frische Garten- und Wildkräuter, Keimlinge, milchsauer vergorenes Gemüse, Sprossen, Nüsse, Samen, Getreide, natives, kalt gepresstes Öl sowie Vorzugsmilch und unerhitzte Sauermilchprodukte. In der Vollwert-Ernährung wird empfohlen, ungefähr die Hälfte der täglichen Nahrungsmenge in unerhitzter Form zu verzehren.

Frisches hat viel zu bieten

Besonders frisches, unerhitztes Gemüse, aber auch Obst, enthält viele lebens- und zufuhrnotwendige Inhaltsstoffe, dazu gehören z. B. Vitamine und Mineralstoffe. Darüber hinaus bieten eine Fülle von Geschmacks-, Aroma- und Duftstoffen Genuss und schützen die Gesundheit. Die physiologische Wirksamkeit der Ballaststoffe ist am größten, wenn diese nicht erhitzt werden. Der hohe Gehalt an wertvollen Inhaltsstoffen bei gleichzeitig geringem Energiegehalt spricht für einen reichlichen Verzehr dieser Lebensmittelgruppen als Frischkost. Werden neben Gemüse und Obst auch Milchprodukte, Nüsse, Samen und Kräuter für die Zubereitung verwendet, so ergänzen sich die Inhaltsstoffe und der Geschmack wird verbessert.

Frischkost passt immer

Im Vollwert-Menü hat die Frischkost ihren festen Platz als Vorspeise. Sie besänftigt das erste starke Hungergefühl und durch intensives Kauen sowie die Geschmacks- und Aromastoffe wird die Produktion von Verdauungssäften angeregt. An warmen Sommertagen oder als leichte Kost bietet sich Frischkost auch als Hauptmahlzeit an. Als kleine Zwischenmahlzeit oder zum Dessert haben frische Früchte ganz oder als Salat zubereitet Tradition. Die vielfältigen Zubereitungsweisen und die große Auswahl an Obst- und Gemüsearten ermöglichen es, für jeden Gusto eine schmackhafte Frischkost zuzubereiten. Mit ein wenig Experimentierfreude wird die Frischkost dann bald das Lieblingsgericht der ganzen Familie.

Kaufen Sie wählerisch

Gemüse und Obst sollten möglichst ausgereift und erntefrisch sein. Tägliches Einkaufen bzw. Ernten aus dem eigenen Garten lohnt sich. Bevorzugen Sie Gemüse und Obst aus ökologischem Anbau und aus der näheren Umgebung. Greifen Sie während der jeweiligen Haupterntezeit zu. Es hat dann den höchsten Gehalt an wertvollen Inhaltsstoffen, schmeckt am besten und ist besonders preiswert. Gleichzeitig sind meist weniger Schadstoffe enthalten.

Sollten Sie es nicht schaffen, täglich frisches Gemüse und Obst einzukaufen, können Sie dieses auch in gut schließenden Behältern im Kühlschrank vor dem Austrocknen schützen. Auch geputztes Gemüse können Sie so einige Tage im Kühlschrank griffbereit halten – das spart zusätzlich Zeit.

Bis auf einige Ausnahmen, die in der Tabelle auf Seite 3 aufgeführt sind, lassen sich fast alle Gemüse- und Obstarten als schmackhafte Frischkost-Salate zubereiten. Für Abwechslung sorgen das jahreszeitliche Angebot und immer neue Kombinationen von Gemüsen untereinander oder gemischt mit verschiedenen Obstarten, Keimlingen, Nüssen und Kräutern. Aber auch die unterschiedlichen Möglichkeiten der Zerkleinerung erhöhen die Vielfalt. So können Sie große Gemüsestücke zusammen mit einem Dip servieren oder als Salat schneiden, grob oder fein raffeln.

Autorin: Ruth Keussink

Frischkost-Salate

Auf die Sauce kommt es an

Die Salatsauce sollte den Geschmack des Salates abrunden und keinesfalls überdecken. Besonders die Vinaigrette passt fast immer. Verwenden Sie möglichst native, kalt gepresste Öle. Sie haben noch ihr angenehmes, arteigenes Aroma, z. B. von Walnüssen, Oliven oder Sonnenblumenkernen. Leichte Säure aus Obstessig, Zitronensaft oder Sauermilchprodukten und nach Wunsch das pikante Aroma von Zwiebeln, Knoblauch, Kräutern und anderen Gewürzen runden den Geschmack ab und liefern zusätzlich gesundheitsfördernde Inhaltsstoffe, z. B. antibiotisch wirksame Stoffe in Knoblauch, Kresse und Zwiebel.

Nicht jedes Gemüse und Obst eignet sich als Frischkost

Gemüse/Obst	Grund
grüne Bohnen	Enthalten Phasin (wird durch Kochen, nicht aber durch Trocknen zerstört). Phasin ist ein toxischer Stoff aus der Gruppe der Hämaglutinine. Diese binden sich an die roten Blutkörperchen und verkleben sie, so dass sie den Sauerstofftransport nicht mehr ausüben können.
Kartoffeln	Das menschliche Verdauungssystem kann die rohe Kartoffelstärke so gut wie nicht verwerten.
Auberginen	Roh nicht schmackhaft
Rhabarber	Pur roh nicht schmackhaft; in Kombination mit z. B. Bananenmus möglich
Holunderbeeren	Enthalten Blausäure (verdampft beim Kochen)
Pilze (außer Shitake und Champignons)	Enthalten schwer verdauliches Chitin, das erst durch Erhitzung bekömmlich wird.
Artischocke	Roh nicht schmackhaft

Vor- und Zubereitung mit Köpfchen

Die wertvollen Inhaltsstoffe von frischem Gemüse und Obst sind z. T. sehr empfindlich. Erhitzungsverluste treten bei Frischkost zwar nicht auf, doch unsachgemäße Aufbewahrung oder Zubereitung können die Qualität mindern. Schon während der Lagerung nimmt der Gehalt einiger Inhaltsstoffe (z. B. Vitamin C) deutlich ab. Durch das Zerkleinern vergrößert sich die Oberfläche um ein Vielfaches. Licht und Sauerstoff beeinflussen die Inhaltsstoffe und es entstehen Verluste. Sichtbar sind z. B. Oxidationsreaktionen am Braunwerden der Schnittflächen von Äpfeln oder Chicorée. Wird Zerkleinertes gewaschen, so werden wasserlösliche Substanzen (z. B. Kalium) herausgelöst. Gut zu erkennen ist dies z. B. beim „Ausbluten" angeschnittener Roter Bete.
Kaufen Sie deshalb insbesondere empfindliches Gemüse und Obst möglichst täglich ein. Bewahren Sie es im Gemüsefach des Kühlschranks (max. 1-2 Tage) auf.

Frischkost-Salate

Falls der Salat nicht sofort verzehrt werden kann, bewahren Sie ihn mit der Sauce vermischt (außer Blattsalate), luftdicht verschlossen, kühl und dunkel auf. Wenn Sie die Frischkostzubereitung unterbrechen müssen, dann am besten nach dem Putzen, Waschen oder der Zubereitung der Salatsauce. Das Zerkleinern sollte erst unmittelbar vor dem Verzehr stattfinden.

Nahrung ist nur so gut wie die Umwelt, aus der sie stammt

Die Umweltverschmutzung insbesondere mit Schwermetallen wie Blei, Quecksilber und Cadmium, der hohe Nitratgehalt der Böden und Pflanzenbehandlungsmittel in der konventionellen Landwirtschaft hinterlassen Spuren auf und in den Pflanzen. Rückstände von Pflanzenbehandlungsmitteln können durch gezielten Einkauf (Anbauweise, saisongemäßes und regionales Angebot) vermieden werden.

- Der Bleigehalt lässt sich durch gründliches Waschen und Abreiben reduzieren, da sich Blei vor allem auf der Oberfläche der Pflanze ablagert.
- Essen Sie Gemüse, Obst und Kräuter nie ungewaschen, auch wildgewachsene nicht.
- Waschen Sie gekräuselte, stark behaarte oder raue Oberflächen (z. B. Grünkohl, krause Endivien, Aprikosen, Pfirsiche) besonders gründlich, oder schälen Sie sie; sofern sie nicht aus ökologischem Anbau stammen bzw. in Straßennähe gewachsen sind.
- Der Nitratgehalt lässt sich durch Entfernen der besonders nitratreichen Stiele beim Spinat und der äußeren Blätter, des Strunkes und der dicken Blattrippen bei Salatköpfen und Kopfkohl reduzieren.
- Ernten Sie Gemüse am besten abends, wenn der Nitratgehalt in der Pflanze durch den Einfluss des Sonnenlichtes vermindert wurde.

So geht die Arbeit leicht von der Hand

Achten Sie auf großzügig bemessene Schneidbretter und Schüsseln. Gut in der Hand liegende, scharfe und dem Zweck entsprechende Messer (z. B. Sparschäler zum Schälen, Sägemesser zum Tomatenschneiden) sparen Kraft und Zeit. Bei größeren Mengen ist der Einsatz einer elektrischen Küchenmaschine zum Hobeln oder Reiben sinnvoll.

Das Auge isst mit

Nicht nur das harmonische Zusammenspiel der verschiedenen Geschmacksrichtungen macht einen gelungenen Salat aus. Das Auge freut sich an kontrastreichen Farbzusammenstellungen und Schnittformen. Nutzen Sie die Vielfalt der verschiedenen Gemüse- und Obstarten und die unterschiedlichen Pflanzenteile wie Wurzeln, Stiele, Blätter, Samen, Blüten und Früchte. Ihrer Kreativität sind keine Grenzen gesetzt!

Frischkost-Salate

So gelingt's

Vor- und Zubereitung

1. **Vorputzen**
   Erdreste, Wurzeln, äußere Blätter von Kopfkohl und Salatköpfen entfernen.
2. **Waschen**
   ganz, gründlich, zügig, der Struktur und dem Verschmutzungsgrad angepasst.
   - gekräuselte Oberflächen besonders gründlich
   - zarte Blattsalate kurz in stehendem kalten Wasser und eventuell mehrmals
   - Wurzelgemüse in lauwarmem Wasser gut bürsten, aber nicht im Wasser liegen lassen!
   - Lauch längs aufschlitzen und unter fließendem Wasser säubern.
3. **Abtropfen lassen, trocken reiben oder trocken schleudern**
4. **Salatsauce zubereiten**
   a) Essig oder Zitronensaft und Salz verrühren, bis das Salz aufgelöst ist (spart Salz!)
   b) Fettreiche Zutaten wie Öl, Sahne oder Käse einrühren.
   c) Weitere Zutaten, z. B. Zwiebeln, Kräuter, Senf und Gewürze unterrühren.
5. **Putzen**
   Ungenießbares entfernen, Welkes oder stärker Verholztes abschneiden, evtl. schälen oder stark nitrathaltige Teile (z. B. Strünke) herausschneiden.
6. **Zerkleinern**
   Schneiden in Hälften, Viertel, Scheiben, Ringe, Stifte, Würfel oder Streifen raffeln, fein oder grob zerdrücken und direkt in die Salatschüssel geben und in die vorbereiteten Sauce unterheben.
7. **Mischen**
   Zerkleinertes Gemüse und Salatsauce sorgfältig vermischen.
8. **Garnieren**
9. **Sofort servieren!**
   Um wertvolle Inhaltsstoffe zu erhalten, bereiten Sie die Frischkost möglichst erst unmittelbar vor der Mahlzeit zu.

So groß ist eine Portion:

Für Vorspeisen:	50-150 g Blattsalat oder
	150-250 g festeres Gemüse
	Mischungen aus verschiedenen Gemüse- und Obstarten entsprechend variiert.
Für große Salatteller:	400-500 g Blatt- und andere Gemüse
Für Obstsalate:	100-150 g Obst

Frischköstliches: das schmeckt gut zusammen

- Wintersalat aus geriebener Roter Bete und Äpfeln mit Kefirsauce
- Chicoréestreifen mit Weintrauben, Apfel- und Orangenstücken, Walnüssen und Bananensauce
- Feldsalat mit gerösteten Brotwürfeln und Avocadosauce
- Äpfel in Stifte geschnitten, mit eingeweichten Rosinen, Mandelsplittern, gemahlenem Zimt und Zitronensaft

Frischkost-Salate

Salatsaucen für jede Gelegenheit:
für jeweils eine Portion

Vinaigrette
Zutaten:	1 Tl Essig
	etwas Senf
	frisch gemahlener Pfeffer
	Salz oder Kräutersalz
	1-2 El natives, kalt gepresstes Öl
nach Geschmack:	Zwiebeln, Knoblauch und frische Kräuter
Variationen:	Kefir-, Joghurt- oder Buttermilchsauce, d. h. 1-2 El des Sauermilchprodukts anstelle des Essigs bzw. zusätzlich zum Essig zugeben.

Passt zu allen Salaten.

Edelpilzkäsesauce
Zutaten:	25 g fein zerdrückten Blauschimmelkäse
	1-2 El Joghurt oder Milch
nach Geschmack:	Zitronensaft oder Essig, frisch gemahlener Pfeffer, Weißwein oder Basilikum
Variationen:	Schafskäse anstelle von Blauschimmelkäse

Passt gut zu Mittelmeergemüse wie Paprika, Zucchini, Gurken, Tomaten.

Zitronensauce
Zutaten:	1 El Zitronensaft
	2 El Joghurt, süße oder saure Sahne
nach Geschmack:	Honig, Nussmus oder gehackte Nüsse oder pikant mit Kräutersalz, Pfeffer und Zwiebeln
Variationen:	1-2 El Orangen- oder Grapefruitsaft anstelle von Zitronensaft

Passt gut zu Blattsalaten, geriebenen Wurzelgemüsen, Obstsalaten.

Bananensauce
Zutaten:	½ reife Banane, püriert oder fein zerdrückt
	2-3 El Sauermilchprodukte
nach Geschmack:	Salz, Zitronensaft
Variationen:	¼ Avocado statt Banane

Passt gut zu Feldsalat, Chicorée, geriebenem Wurzelgemüse, Obstsalat.

Sprossen

Frisches aus dem Sprossengarten

Keimlinge oder Sprossen können aus fast allen Samen mit wenig Aufwand gezogen werden. Sie bringen besonders in den gemüsearmen Jahreszeiten viel Frische, Vitamine sowie Mineral- und Ballaststoffe auf den Tisch.
Hier erfahren Sie, wie Sie aus den verschiedenen Samen Sprossen ziehen und schmackhaft zubereiten können. Denn: Selbstgezogen schmeckt's am besten!

Fürs Keimen geeignet

Frische knackige Sprossen können Sie aus den Samen aller essbaren Pflanzen z. B. Getreide oder Hülsenfrüchte ziehen. Ausnahme sind die Samen der Nachtschattengewächse (Kartoffel, Tomate), die aufgrund ihres hohen Solaningehaltes giftig sind. Einige Sprossen müssen vor dem Verzehr blanchiert werden (siehe Tabelle auf Seite 9). Keimfähig ist jeder Samen, der nicht bearbeitet wurde und von daher noch die kompletten Keimanlagen enthält. Weißer Reis oder geschälte Erbsen mussten ihren Keimling bereits einbüßen.

Sie können alle Samen verwenden, die auch für die menschliche Ernährung geeignet sind. Häufig werden extra fürs Keimen ausgewiesene Samentütchen angeboten, welche die Keimfähigkeit des Saatgutes garantieren. Billiger ist jedoch die in größeren Packungen angebotene Ware von z. B. Getreide, Hülsenfrüchten und Sonnenblumenkernen. Soweit diese nicht beschädigt sind, lassen sie sich ebenfalls problemlos keimen. Nicht verwenden sollten Sie Saatgut, welches für das Aussäen im Garten gedacht ist. Dieses wird häufig gegen Schädlingsbefall behandelt und das schadet auch dem Menschen. Am besten besorgen Sie sich Keimgut aus ökologischem Anbau.

Keimbox oder Einmachglas?

Im Handel werden eine Vielzahl von Keimgeräten angeboten, die alle nach dem gleichen Prinzip funktionieren: Sie bestehen meist aus flachen Schalen, länglichen Röhren oder Gläsern, in denen das Keimgut verteilt wird. Von oben wird Wasser eingefüllt, welches durch ein spezielles Abflusssystem (Ritze, Sieb oder Siphon) abfließt. Das Material besteht aus lichtdurchlässigem Kunststoff, gebranntem Ton oder Glas.

Das Arbeiten mit Keimgeräten bietet einige Vorteile: Sie sind Raum sparend, leicht zu bedienen und mehrere Sorten können übereinander gezogen werden. Die Vorteile kommen jedoch nur zum Tragen, wenn das System richtig funktioniert. Und das ist der Haken bei den meisten Keimgeräten: Häufig fließt das Wasser nicht richtig ab, da kleine Samen oder Samenschalen den Abfluss verstopfen. Bei einigen Samen, besonders den Schleim bildenden, reicht einfaches Begießen nicht aus und die Keimlinge müssen extra nachgespült werden. Tongeräte sind relativ schwer und schwierig zu reinigen, da sich kleine Samen gerne festsetzen.

Nicht zu empfehlen ist das Keimen mit Hilfe eines Trägermaterials wie Watte oder Vlies, da sich dort leicht unerwünschte Mikroorganismen ansiedeln können. Eine einfache und billige Methode ist die Anzucht in Gläsern, die mit einer Gaze und Gummiband verschlossen werden. Es gibt jedoch auch im Handel spezielle Gläser

Autorin:
Kathi Dittrich

Sprossen

mit einem Kunststoff- oder Metallsieb im Deckel. Diese Methode eignet sich vor allem für Keim-Anfänger gut. Sie sollten keine Metall- oder Holzbehälter verwenden, da diese von den ausgeschiedenen Pflanzensäuren angegriffen werden können. Günstig ist ein lichtdurchlässiges Material.

So gelingt's auch Einsteigern:
Ob Sie in einem Einmachglas oder einem Keimgerät Ihre Sprossenzucht beginnen wollen, das Prinzip ist überall gleich:
Die Samen müssen nach mehrstündigem Einweichen in reichlich Wasser in der Regel zweimal täglich mit frischem Wasser gespült werden. Wichtig ist, dass die Samen nicht im Wasser stehen, deswegen sollten sie nach dem Spülen gut abtropfen. Normalerweise reicht das den Keimlingen anhaftende Wasser für das weitere Wachstum aus. Bei zu feuchtem Klima bilden sich schnell Fäulnisbakterien, die an ihrem muffigen Geruch zu erkennen sind. Aber auch zu trockene Keimlinge können nicht wachsen. Achten Sie darauf, dass Sie Ihren Sprossengarten nicht direkt über der Heizung anlegen. Gegebenenfalls die Sprossen mit etwas Wasser besprühen. Eine genaue Anleitung für das Keimen in Gläsern finden Sie auf Seite 11. Für die Sprossenzucht mit Keimgeräten geben die Hersteller genaue Angaben.

Erntesegen – aber wann?

Über den richtigen Erntezeitpunkt sind sich viele Keim-Anfänger unsicher. Kein Wunder, gibt es doch für keinen Keimling einen genau definierten Erntezeitpunkt. Fast alle Sprossen sind während der gesamten Zeit genießbar. Angefangen von den gerade durchgeweichten Samen bis hin zu den bereits grünen Pflanzen, die Grünkräuter genannt werden.
Zu welchem Zeitpunkt Sie Ihre Sprossen ernten, sollten Sie vorwiegend Ihrem Geschmackssinn überlassen. Die jungen Sprossen mit ihren weißen Würzelchen sind meist leicht süßlich und mild. Je älter die Pflanzen werden, desto herber sind sie im Geschmack. Manche Sprossen können als Grünkräuter auch unangenehm bitter werden, z. B. Kürbis-, Hafer- und Bockshornkleesprossen.
Wenn die Sprossen die gewünschte Größe erreicht haben, sollten Sie diese gründlich mit kaltem Wasser abspülen und nach Möglichkeit gleich verarbeiten. Können Sie nicht alle Keimlinge auf einmal verbrauchen, so lassen sich diese in einem geschlossenen Gefäß einige Tage im Kühlschrank aufbewahren. Ein regelmäßiges Waschen ist weiterhin nötig.

Was passiert beim Keimvorgang?

Durch Wasser, Wärme (Zimmertemperatur) und Licht wachsen aus den kleinen Samen schmackhafte Keimlinge, die für unsere Ernährung noch wertvoller sind als ihre Samen meist ohnehin schon sind.
Während des Keimvorgangs nimmt der Gehalt einiger Vitamine, besonders der von Vitamin C und B_1, deutlich zu. Die Eiweißqualität verändert sich, d. h. der Gehalt an essenziellen Aminosäuren steigt an. Erfreulicherweise sinkt gleichzeitig der Gehalt einiger schädlicher Stoffe, so werden beispielsweise blähend wirkende Kohlenhydrate (Stachyose und Raffinose) in Hülsenfruchtsamen innerhalb von 48 Stunden vollständig abgebaut.

Sprossen

Kein Vorteil ohne Nachteil: Nitratbildung

Leider werden beim Keimen nicht nur erwünschte Stoffe gebildet. Je nach Pflanzenart und -alter bilden Keimlinge unterschiedliche Mengen an Nitrat.
Mit einigen gezielten Maßnahmen lässt sich das Nitratproblem jedoch im Zaum halten:
- Eher länger keimen als zu kurz (Nitrat baut sich nach einigen Tagen wieder ab).
- Keimlinge ans Licht stellen oder Wachstumslampen benutzen.
- Keine Trägermaterialien wie Watte oder Vlies verwenden.

Verglichen mit anderen Gemüsen zählen die Keimlinge zu den mittel bis hoch belasteten Arten. Treibhausgemüse bringen jedoch in der Regel noch größere Nitratportionen auf den Tisch. Die Nitratproblematik wird dadurch entschärft, dass üblicherweise nur geringe Mengen von Keimlingen verzehrt werden.

So viel Zeit brauchen die Keimlinge

Samen	evtl. Einweichzeit in Stunden	Erntezeitpunkt in Tagen	Ertrag (Volumen) Sprossen : Samen	Sonstiges
Weizen	12	2-3	2:1	bilden feine Faserwurzeln
Roggen	12	2-3	2:1	bilden feine Faserwurzeln
Hafer	4	2-3	2:1	Nackthafer verwenden
Gerste	12	2-3	2:1	Nacktgerste verwenden
Reis	12	2-3	2:1	keimen schlecht
Hirse	8	3-4	1,5:1	keimen schlecht
Linsen	12	2-5	5:1	2-3 Minuten kochen, z.B. blanchieren
Mungobohnen	12	2-5	5:1	2-3 Minuten kochen, z.B. blanchieren
Erbsen	12	4-5	2:1	häufig spülen, blanchieren
Kichererbsen	12	3-5	4:1	häufig spülen, blanchieren
Sojabohnen	12	3-4	4:1	blanchieren
Alfalfa	4-6	5-6	4:1	gut als Grünkraut
Senf	4-6	2-3	2:1	bilden feine Faserwurzeln
Kresse	-	7-8	4:1	gut als Grünkraut
Rettich	6	3-4	3:1	hemmt Wachstum von Bakterien und Schimmelpilzen
Sonnenblumenkerne	12	1-3	2:1	können bitter werden

Sprossen

Vielseitige Sprossenküche

Mit frischen Sprossen holen Sie sich Abwechslung und neue Geschmacksakzente in Ihre Vollwertküche. Sie können die kleinen Winzlinge genauso gut roh wie gedünstet und sogar gebraten oder gebacken verzehren. Lecker schmecken frische Sprossen z. B. im Müsli, aufs Butterbrot, in süßlichen oder pikanten Salaten und zu Quarkspeisen. Eine interessante Note für farblose Gerichte geben bereits ergrünte Keimlinge. Gedünstete Sprossen zieren viele Gemüsegerichte. Als Einlage in Suppen und Eintöpfen sorgen sie für Biss. Als Zugabe zu Brot oder Aufläufen lassen sich die Sprossen prima verbacken. Kombinieren Sie nach Lust und Laune und entwerfen Sie Ihre eigenen Sprossengerichte.

Besonders Zeit sparend ist die Sprossenzucht für Ihre Hülsenfruchtküche. Sie können praktisch alle Hülsenfruchtgerichte auch mit Keimlingen zubereiten. Das üblicherweise lange Kochen entfällt dadurch. Hülsenfruchtkeimlinge müssen nur blanchiert oder einige Minuten in den Speisen mitgekocht werden. Ganz auf das Erhitzen dürfen Sie allerdings nicht verzichten. Unerhitzte Hülsenfrüchte enthalten Stoffe, die für uns schädlich sind (Hämagglutinine und Proteaseinhibitoren). Durch den Keimprozess werden diese Stoffe zwar reduziert, aber nicht vollständig abgebaut.

Was tun, wenn die Samen streiken?

Obwohl die Sprossenzucht eine unkomplizierte Sache ist, passiert es trotzdem manchmal, dass nicht alles so läuft wie gewünscht; z. B.:

- **Die Samen keimen nicht oder nur schlecht:**
  Eventuell war Ihr Saatgut zu alt (mehrere Jahre) oder beschädigt bzw. erhitzt. Auch zu viel oder zu wenig Wasser behindert das Wachstum.
- **Die Sprossen zeigen einen weißen Flaum:**
  Häufig wird befürchtet, dass die Sprossen schimmeln, wenn sich feine weiße Härchen zeigen. Doch keine Angst: Diese dünnen Fäden sind in der Regel Faserwurzeln, welche den Samen bei der Nährstoffaufnahme helfen. Weißen Flaum entwickeln z. B. Roggen-, Rettich- und Senfsprossen. Haariger Schimmel tritt bei Keimlingen selten auf und ist an seinem muffigen Geruch zu erkennen.
- **Ein Tipp zur Vorbeugung:**
  Die Zugabe von Rettichsamen schützt vor unerwünschten Mikroorganismen, da diese eine bakterienabweisende Wirkung haben.
- **Die Anzucht hat einen modrig-fauligen Geruch:**
  Dies kann passieren, wenn die Sprossen nicht oft genug gewaschen wurden oder das Wasser nicht richtig ablaufen konnte. Bei Staunässe siedeln sich leicht Fäulnisbakterien an. Sie sollten die Sprossen dann wegwerfen und das Keimgefäß gründlich mit heißem Wasser, Salz und Essig reinigen und mit viel kaltem Wasser nachspülen.

Sprossen

So gelingt's

So werden kleine Samen groß:
Die folgenden Angaben beziehen sich auf die Zucht im Keimglas. Wenn Sie ein Keimgerät verwenden, beachten Sie zusätzlich die Angaben des Herstellers.

1. **Verlesen**
   Lesen Sie zerbrochene und fremde Samen aus.
2. **Waschen**
   Waschen Sie das Keimgut in einem Sieb unter fließend kaltem Wasser gründlich ab.
3. **Ansetzen**
   Füllen Sie das Keimgefäß mit dem Keimgut. Die Füllhöhe sollte höchstens ¼ betragen. Mit der dreifachen Menge kaltem Wasser aufgießen.
4. **Quellen**
   Lassen Sie die Samen 4-16 Stunden – je nach Art – quellen, und gießen Sie das Einweichwasser ab (gut zum Blumengießen).
5. **Wachsen**
   - Spülen Sie die gequollenen Samen mit kaltem Wasser.
   - Das Wasser abgießen und bei gekipptem Glas leicht abtropfen lassen. Ohne erneute Wasserzugabe an einem zimmerwarmen und nicht zu sonnigen Platz wachsen lassen.
6. **Spülen**
   Schritt 5 zwei- bis dreimal täglich wiederholen, dazwischen die Keimlinge ab und zu durch leichtes Schütteln wenden.
7. **Ernte**
   Wenn die Keimlinge die gewünschte Größe erreicht haben, nach ca. 2-8 Tagen, nochmals gründlich mit kaltem Wasser abspülen und möglichst gleich verarbeiten.

So wird blanchiert:
- Keimlinge in einem Sieb in kochendes Wasser halten.
- Nach 2-5 Minuten herausnehmen und kalt abschrecken.

So schmecken die Keimlinge:
- scharf: Kresse, Radieschen, Rettich, Senf
- pikant: Bockshornklee, Leinsamen, Alfalfa, Hirse, Linsen
- süß-mild: Weizen, Roggewn, Gerste, Hafer, Reis, Dinkel
- nussig-süßlich: Sonnenblumenkerne, Kichererbsen, Sojabohnen, Kürbiskerne

Das passt zusammen:
- Keimlinge aus Getreide, Sonnenblumen- und Kürbiskernen fürs Müsli
- Rettich-, Senf-, Alfalfa- und Kressesprossen für herzhafte Salate
- Keimlinge aller Hülsenfrüchte für bissfeste Eintöpfe und Gemüsegerichte
- Roggen-, Mungobohnen-, Hafer- und Sonnenblumenkern-Sprossen für fruchtige Nachspeisen

Geschmack und Vielfalt: Frischkorn-Mahlzeit

Die besonders wirksamen Ballaststoffe des unerhitzten Getreides sorgen für lang anhaltende Sättigung ohne hohen Energiegehalt und machen die Frischkorn-Mahlzeit zum idealen Frühstück. Doch den Genuss des feinen Aromas aus frischem Obst und Gemüse, Milchprodukten, Nüssen und Kräutern kann man sich auch zu jeder anderen Tageszeit bereiten. Haben Sie schon einmal ein herzhaftes Frischkorn-Gericht mit zartem Gemüse oder frischen Kräutern probiert?

Stellen Sie die Zutaten abwechslungsreich und nach Ihrem persönlichen Geschmack zusammen und achten Sie dabei möglichst auf ökologischen Anbau, das jahreszeitliche Angebot sowie auf die Lebensmittelempfehlungen der Vollwert-Ernährung. Grundrezept und Arbeitsanleitung finden Sie auf Seite 15.

Sauberes Getreide verwenden

Verwenden Sie ausschließlich sorgfältig gereinigtes, keimfähiges Getreide, um Schäden an Mahlgeräten oder Zähnen und Verderb des Getreides (während der Vorbereitung) vorzubeugen. In der Regel wird Getreide vom Erzeuger, Händler oder Verarbeiter selbst oder in deren Auftrag von einer Mühle gereinigt. Bei einer sorgfältigen, mehrstufigen Reinigung werden Metallteilchen, Strohteile, Steinchen, Mutterkorn, Unkrautsamen, Spelzen, zerbrochene und zu kleine Getreidekörner, Erdklumpen und Staub fast vollständig entfernt. Es lohnt sich, beim Getreidekauf die Augen aufzuhalten und mangelhaft gereinigtes Getreide gar nicht erst zu kaufen bzw. zu reklamieren. So können Sie sich mühseliges Verlesen ersparen. Beschränken Sie sich dann auf das Verlesen von Stichproben und von besonders gefährdeten Partien, wie Roggen nach feuchten Jahren, der dann auch nach guter Reinigung einen erhöhten Anteil an giftigem Mutterkorn aufweisen kann. Hirse sollte vor dem Rohverzehr mit heißem Wasser gewaschen werden, um ranzige Keimöle auf der Oberfläche zu entfernen. Die feuchten Körner werden anschließend als Ganzes eingeweicht oder zu Flocken gequetscht. Hirse ist wegen der schlechteren Quellfähigkeit ihrer Stärke und des relativ hohen Gehaltes an Trypsininhibitoren allerdings weniger gut für die Frischkornmahlzeit geeignet. Hafer enthält viel Fett, das beim Schroten und Einweichen schnell oxidiert sowie durch getreideeigene Enzyme gespalten wird und dann bitter schmeckt. Daher kann er nur als ganzes Korn eingeweicht werden. Haferschrot und selbstgequetschte Flocken werden uneingeweicht verwendet.

Keine Panik vor Mutterkorn

Vergiftungen sind durch die intensive Getreidereinigung äußerst selten geworden. Ein Gehalt von bis zu 0,05 % Mutterkorn im Getreide gilt als unbedenklich. Mutterkorn lässt sich deutlich von Getreidekörnern unterscheiden: Es ist violettschwarz gefärbt, gebogen, länger als ein Getreidekorn und weist, falls es zerbrochen ist, eine deutliche Bruchstelle und im Querschnitt keine Furche wie das Roggenkorn auf.

Um gute Kaubarkeit, Bekömmlichkeit und ausreichende Angriffsmöglichkeit für die Verdauungsenzyme zu erreichen, muss das Getreide vor dem Verzehr vollständig durchfeuchtet sein. Verschiedene Vorbereitungsarten sind möglich: Besonders empfehlenswert ist es, das Getreide selbst frisch in einer Getreide- oder Handkaffeemühle zu mahlen, in einer Flockenquetsche zu pressen und sofort einzu-

Autorin:
Ruth Keussink

Frischkorn-Mahlzeit

weichen oder das Getreide anzukeimen. Der Feinheitsgrad, ob mittelfein oder eher grob und kernig, richtet sich nach Ihrem Geschmack und der individuellen Verträglichkeit. Grober Schrot erfordert längere Einweichzeit, kräftigeres und längeres Kauen und betont die Getreidekomponente der Mahlzeit. Feiner Schrot ist schneller verdaulich und für manche vielleicht besser bekömmlich, erfordert eine kürzere Einweichzeit, weniger Kauarbeit (Vorteil bei dritten Zähnen) und der Getreideanteil der Frischkorn-Mahlzeit tritt geschmacklich weniger hervor (evtl. Vorteil bei Einsteigern in die Vollwert-Ernährung und bei Kindern).

Keine Gefahr durch Bakterien
Auf dem Getreidekorn befinden sich – ebenso wie auf anderen Lebensmitteln, auf der Haut und im Magen-Darmtrakt des Menschen und in der Natur – zahlreiche Mikroorganismen. Sie gehören zur natürlichen Umgebung des Menschen. Viele Mikroorganismen werden vom Menschen genutzt wie Hefen oder Sauerteigbakterien in der Bäckerei. Das menschliche Immunsystem wird durch die Mikroflora der Umwelt regelrecht trainiert. Gesundheitsschädliche Keime wurden auf Getreide nur sehr vereinzelt und in unbedenklichen Mengen gefunden. Verständlicherweise sind größere Mengen verderbniserregender oder gesundheitsschädlicher Keime auf Lebensmitteln unerwünscht. Sie können jedoch problemlos durch einige Tricks im Zaum gehalten werden. Kurze Einweichzeiten (maximal 18 Stunden), niedrige Temperaturen (unter 20 °C) und Zugabe von Säure (Sauermilchprodukte wie Joghurt, Dickmilch, Buttermilch, Kefir oder Zitronensaft) hemmen die Vermehrung. Wichtig sind außerdem saubere Gefäße und Arbeitsgeräte. Getreide sollte auch nicht zusammen mit ungesäuerter Milch bzw. -produkten oder mit Trockenfrüchten eingeweicht werden.

Durch sorgfältiges Waschen und Verlesen von verdorbenen und nicht gekeimten Körnern sowie durch optimale Keimbedingungen (Licht, Luftzirkulation, ausreichend Feuchtigkeit ohne Staunässe, Temperatur von 18-20 °C) weist man die Bakterien beim Keimen in ihre Schranken. Angekeimtes Getreide enthält durch die große Oberfläche der feinen Wurzeln auch bei sorgfältiger Zubereitung immer einen, im Vergleich zu eingeweichtem Getreideschrot, höheren Gehalt an unschädlichen Bakterien. Kein Grund, darauf zu verzichten. Es ist überaus sinnvoll, Getreidekeimlinge mit ihrem hohen ernährungsphysiologischen Wert in die abwechslungsreiche Zusammenstellung miteinzubeziehen.
Gelegentlich können nach dem Verzehr einer Frischkorn-Mahlzeit Völlegefühl oder Blähungen auftreten. Die Ursachen können vielfältig sein und sind individuell unterschiedlich. Einsteiger müssen sich oft erst schrittweise an die Frischkornzubereitungen gewöhnen: Zunächst kleinere Getreideanteile, fein geschrotet, ausreichend langes Einweichen, Einspeicheln und Kauen erleichtern dies. Außerdem führt der gemeinsame Verzehr von Vollkorngetreide und größeren Mengen von Mono- und Disacchariden (z. B. in Marmelade, Saft, Süßungsmitteln) oder von Milchprodukten und Obst bei manchen Personen zu Unverträglichkeiten.

Frischkornimbiss für Unterwegs
Transportieren Sie das vorbereitete Getreide in einem dicht schließenden Schraubglas und die übrigen Zutaten in einem anderen Behälter. Zerkleinern und mischen Sie sie erst kurz vor dem Verzehr mit dem Getreide.

Frischkorn-Mahlzeit

Ein Tipp für Einsteiger

Ein leckeres und gesundes Müsli können Sie auch aus gekauften Flocken mit viel frischem Obst, Joghurt und ein paar Sonnenblumenkernen oder Nüssen herstellen. Wer keine Getreidemühle oder Flockenquetsche besitzt, kann das Getreide ankeimen, ganze Haferkörner über Nacht einweichen oder sich im Bioladen, Reformhaus oder bei Freunden einen kleinen Vorrat an Getreide (außer Hafer) schroten lassen. Hierbei ist auf sachgerechte Lagerung zu achten. Ist das Getreide trocken, wird es nur grob geschrotet sowie dunkel und luftdicht in einem sauberen Gefäß nicht über 20 °C gelagert. So sind die Aroma- und Nährstoffverluste minimal. Eine solche Lagerung ist für ca. 1-2 Wochen möglich. Hafer wird wegen seines hohen Fettgehaltes schnell ranzig und ist daher nur für den unmittelbaren Verzehr geeignet. Dies ist ein guter Behelf bis zur Anschaffung einer Mühle oder für den Urlaub und eine Alternative zu käuflichen Getreideflocken, die während der Herstellung erhitzt wurden und daher kein Frischkorn mehr darstellen.

Das Müsli schmeckt bitter oder seifig. Warum?

Ein bitterer Geschmack ist meist auf eine der folgenden Ursachen zurückzuführen:
- Enzyme aus Kiwis, Papaya, Melone oder frischer Ananas zersetzen die Eiweiße aus den Milchprodukten. Die dabei entstehenden Stoffe schmecken bitter.
- Manche Fette werden leicht ranzig und schmecken dann bitter. Häufig geschieht dies bei Nüssen oder Samen. Insbesondere Leinsamen sollte immer frisch geschrotet werden.
- Nicht oder nur kalt gewaschene Hirse (Mehrkornmischungen) ist enthalten.
- Haferschrot mit einem hohen Anteil mehrfach ungesättigter Fettsäuren, die innerhalb von Minuten oxidieren, durch Enzyme gespalten werden und dadurch ranzig schmecken können, ist enthalten.
- Getreide- und Ölsaatreste in der Getreidemühle können oxidieren und beeinträchtigen so das Mahlgut. Deshalb: Regelmäßige gründliche Reinigung der Mühle, insbesondere jedes Mal nach dem Mahlen von Hafer oder Ölsaaten.

Frischkorn-Mahlzeit

So gelingt's

Das Grundrezept
für 1 Portion:

3-4 El	(40-60 g)	Getreide
5-6 El	(60-100 g)	Wasser oder Sauermilchprodukte
1-2 Stk.	(100-200 g)	frisches Obst oder Gemüse
1-2 Tl	(ca. 5 g)	Nüsse oder Samen

evtl. zur Verfeinerung:
süße oder saure Sahne, eingeweichte Trockenfrüchte, Honig, Dicksäfte, Gewürze, Kräuter

So wird's bei Flocken, Schrot und Korn gemacht:
Man nehme einzeln oder gemischt:
Weizen, Dinkel, Roggen, Gerste, Hirse*, Buchweizen oder **Hafer***
(*siehe Hinweise im Theorieteil)

Vorbereitung des Getreides:
1. **Auslesen** von Verunreinigungen
2. **Schroten** oder **Quetschen** in gewünschtem Feinheitsgrad
3. **Einweichen**
   - Schrot oder Flocken in sauberes Glas oder eine Porzellanschale einfüllen
   - Kaltes Wasser oder Sauermilchprodukt einrühren, bis ein steifer Brei entsteht
   - Abdecken
   - Kühlstellen:
     18-20 °C: beim Einweichen in Sauermilchprodukte, beim Einweichen in Wasser nur bis zu 3 Stunden
     5-10 °C: beim längeren Einweichen in Wasser
   - Quellen lassen:
     ca. 30 Minuten bis 10 Stunden, je nach Feinheitsgrad des Getreideschrotes. Er sollte vollständig durchgeweicht sein.

Abwechslungsreich genießen
Herzhaft
Gerstenschrot – in Wasser eingeweicht – oder Gerstenkeimlinge, Dickmilch, klein geschnittener Apfel, fein geriebene Möhre und evtl. Zitronensaft und frisch gehackte Kräuter

Klassisch
Weizenschrot – in Wasser oder Joghurt eingeweicht – oder Weizenkeimlinge, geriebener Apfel, gehackte Haselnüsse, eingeweichte Rosinen, evtl. gemahlener Zimt

Winterfest
frisch mittelfein geschroteter Hafer, gewürfelte Birne, Bananenscheiben, Kefir, gehackte Walnüsse, evtl. gemahlener Ingwer

Frischkorn-Mahlzeit

So wird gekeimt:
Man nehme:
Roggen, Weizen, Dinkel oder Sprießkorn-/Nacktgerste bzw. -hafer, ein großes Glas, Kunststoffgaze und ein Gummiband oder ein Keimgerät aus dem Handel

1. **Auslesen** von zerbrochenen Körnern, Unkrautsamen, Steinchen usw.
2. **Getreide waschen**
   gründlich mit fließendem kalten Wasser in einem Sieb
3. **Einfüllen in Anzuchtgefäß**
   Füllhöhe nicht mehr als ¼ wegen der Volumenzunahme beim Keimen
4. Doppelte bis dreifache Menge **kaltes Wasser zugeben**
5. Ca. 12 Stunden **quellen lassen**
6. **Einweichwasser abgießen**
7. **Auslesen** verletzter oder nicht gequollener Körner
8. **Spülen der Körner**
   - Mit kaltem Wasser bedecken
   - Kräftig schwenken
   - Wasser gut ablaufen lassen
9. **Auflockern der Körner** durch Schütteln oder Zupfen
10. **Wachsen lassen**
    - Bei gekippten Glas, damit Restwasser abläuft
    - Nicht mit direkter Sonnenbestrahlung
    - Bei Zimmertemperatur (18-20 °C)
11. Schritt 8 bis 10 zwei- bis dreimal **täglich wiederholen**
12. **Ernten**
    - Nach 2-3 Tagen, sobald sich die Keime zeigen und etwa die Kornlänge erreicht haben
    - Vor Verzehr gründlich mit kaltem Wasser abspülen

So geht's weiter, kurz vor dem Verzehr der Frischkorn-Mahlzeit:

1. Eingeweichtes Getreideschrot, Flocken oder Keimlinge in eine ausreichend große Schüssel füllen.
2. Obst bzw. Gemüse vorbereiten:
   - Gründlich kalt waschen und – wenn nötig – abreiben oder bürsten.
   - Von ungenießbaren Bestandteilen befreien.
   - Evtl. einen Teil zum Verzieren zurückbehalten.
   - Zerkleinern: z. B. fein oder grob reiben, in Stücke, Scheiben oder Stifte schneiden, mit einer Gabel zerdrücken.
   - Zerkleinertes sofort mit dem vorbereiteten Getreide vermischen.
3. Weitere Zutaten wie Nüsse oder Samen, Zitronensaft, Milchprodukte, eingeweichte Trockenfrüchte, frische Kräuter usw. nach Wunsch zerkleinern und untermischen oder zusammen mit dem zurückbehaltenen Obst als Verzierung verwenden.

Schonend gegart: Gemüse und Kartoffeln

Gemüse und Kartoffeln

Gemüse und Kartoffeln können auf vielerlei Weise gegart werden. Die Kunst dabei ist, gesundheitsfördernde Inhaltsstoffe weitgehend zu erhalten und unerwünschte Substanzen unschädlich zu machen.

Beim Garen von Gemüse kommt es darauf an, mit schonenden Garverfahren möglichst viele wertvolle Inhaltsstoffe zu erhalten bzw. in manchen Fällen für den Organismus nutzbar zu machen (z. B. Kartoffelstärke oder Provitamin A in Möhren). Durch Garen wird das Spektrum der geschmacklichen Variation von Gemüse noch erweitert. Manchmal ist eine Erhitzung sogar unumgänglich: Unerwünschte Inhaltsstoffe wie Phasin in grünen Bohnen werden erst bei entsprechender Hitzeeinwirkung zerstört.

Wenig Wasser

Es gibt verschiedene Möglichkeiten, Gemüse und Kartoffeln durch Hitzeeinwirkung verzehrfähig zu machen. Dazu gehören das Kochen, Dämpfen, Dünsten, Backen, Blanchieren und das Pfannenrühren (Sautieren).
Generell gilt: Je geringer die Garflüssigkeitsmenge und je kleiner die Oberfläche des Gargutes ist, umso geringer sind auch die Verluste an Nähr- und Aromastoffen – vorausgesetzt, es werden auch noch kurze Garzeiten eingehalten. Oder andersherum: Wer sein Gemüse fein schnippelt und dann auch noch kräftig unter Wasser setzt, wird das Beste schnell los.
Im Praxisteil ab Seite 20 zeigen wir Ihnen deshalb nur die wertschonenden Garverfahren.

Kochen

Unter dem Begriff Kochen versteht man das Garen in reichlich sprudelndem Wasser im offenen oder geschlossenen Kochtopf. (Wichtig: der Deckel sollte fest schließen). Dieses regelrechte „Vollbad" wirkt sich auf alle wasserlöslichen und hitzeempfindlichen Nahrungsinhaltsstoffe nachteilig aus. Das Gemüse taucht bis zum Hals unter, Wasser dringt in das Pflanzengewebe ein, sodass Vitamine und Mineralstoffe zerstört bzw. ausgewaschen werden. Übrigens: Kartoffeln lassen sich hervorragend mit nur wenig Wasser (etwa 1/4 l für 1 kg) im geschlossenen Topf in 20-25 Minuten dünsten.

Dampfdrucktopf

Das Garen im Dampfdrucktopf ist eine etwas schonendere und energiesparendere, weil schnellere Zubereitungsart als das Kochen; jedoch nicht so schonend wie das Dämpfen und Dünsten. Hierbei wird im Topf mittels Druck eine Temperatur von 104-120 °C erzeugt.
Wichtig ist, dass die vom Hersteller angegebenen Garzeiten eingehalten werden, da sonst erhebliche Vitaminverluste auftreten können und auch der Geschmack und die Konsistenz leiden.

Autorin:
Andrea Giese

Gemüse und Kartoffeln

Dämpfen

Zum Dämpfen benötigen Sie einen Kochtopf mit Siebeinsatz, der aber auch günstig als „mobiler Einsatz" für alle Kochtöpfe passend erstanden werden kann. Bei diesem Garverfahren wird nur wenig Wasser in den Topf gegeben, das Gargut auf dem Siebeinsatz „trocken" gelegt und dann durch den aufsteigenden Wasserdampf in der Schwebe gegart, d. h. das Gemüse kommt mit dem kochenden Wasser nicht direkt in Berührung. Wichtig ist ein fest schließender Topfdeckel. Beim Dämpfen treten wesentlich geringere Auslaugverluste als beim Kochen auf. Der Wasserdampf entlockt dem Gemüse dennoch einige Inhaltsstoffe, die sich dann im Gemüsewasser wieder finden. Auch werden hitzeempfindliche Vitamine geschädigt.

Das Dämpfen ist für alle Gemüsearten geeignet, insbesondere für Kartoffeln und Unzerkleinertes, etwa Rote Bete oder Möhren. Bei fettreduzierter Diät ist diese Garmethode besonders zu empfehlen.

Dünsten

Beim Dünsten wird – damit nichts anbrennt – nur sehr wenig Flüssigkeit in den Kochtopf gegeben. Oder das Gemüse wird kurz in heißem Fett angeschwitzt und danach mit wenig Flüssigkeit versehen. Nach dem Ankochen wird bei mittlerer bis geringer Hitzezufuhr (etwa 100 °C) im geschlossenen Topf gegart; das Gemüse beginnt dann zu schwitzen, das austretende Wasser landet nach der Kondensation auf dem Topfboden und dient als Garflüssigkeit. Gemüse mit hohem Wassergehalt (z. B. Pilze) können gut nur im eigenen Saft, also ohne Wasserzugabe gedünstet werden. Bei dieser Zubereitungsart, die für kleine Gemüsemengen oder Zerkleinertes geeignet ist, treten nur geringe Auslaugverluste auf. Die hitzeempfindlichen Nährstoffe werden durch die geringe Hitzezufuhr schonend behandelt.

Pfannenrühren oder Sautieren

Eine bei uns noch etwas unbekannte Zubereitungsart für Gemüse ist das so genannte Pfannenrühren oder Sautieren. Bei dieser – aus der asiatischen Küche stammenden – Garmethode wird das mundgerecht zerkleinerte Gemüse in einer minimalen Fettmenge unter ständigem Rühren bzw. Schwenken schnell gegart bzw. halbgar gemacht.

Der Vitaminverlust ist sehr gering und ein Mineralstoffverlust tritt nicht ein. Zudem behält das Gemüse seine knackige Struktur und den Eigengeschmack. Traditionell verwendet man für diese Zubereitungsart einen Wok – eine chinesische weite Pfanne – die auf einer Spiritusflamme steht. Für den Elektroherd ist eine gewöhnliche, große Pfanne, die die Hitze gut speichern kann, auch gut geeignet.

In speziellen Töpfen mit „Sandwich-Boden" (mehrere gut leitende Metalle übereinander geschichtet), lässt sich bei Temperaturen unter dem Siedepunkt wasser- und fettlos garen. Vitamine, Mineral-, Aroma- und Farbstoffe bleiben hierbei am besten erhalten.

Blanchieren

Das Blanchieren dürfte vielen als Vorstufe zum Tiefgefrieren von Gemüse bekannt sein. Hierbei wird das Gemüse portionsweise für einige Sekunden bis zu fünf Minuten – je nach Gemüseart und weiterem Verwendungszweck – in kochendes Wasser getaucht und danach kalt abgeschreckt.

Gemüse und Kartoffeln

Das Garen bewirkt eine Inaktivierung von Gemüseenzymen, die vor allem Vitamin C, Aroma- und Farbstoffe abbauen. Rasches Abschrecken mit kaltem Wasser verhindert einen zu hohen Qualitätsverlust. Für feine, junge Gemüse wie Erbsen, Prinzessbohnen und Blattspinat ist dieses Verfahren auch als Garmethode geeignet.

Energiesparen beim Garen

Auch beim Garen können Sie einen wichtigen Beitrag zum Energiesparen leisten. Werden Kartoffeln oder Gemüse im geschlossenen Topf mit wenig Wasser gegart, kann man etwa 10 % Energie einsparen. Der Topf sollte in heißem Zustand eben sein, die Wärme gut leiten und einen fest schließenden Deckel haben. Ebenso sollten Sie bei der Kochstellenauswahl die richtige Entscheidung treffen: Am besten ist es, wenn der Topf eine Idee größer ist als die Herdplatte, bzw. beim Gasherd die Flamme nicht über den Topfboden hinausschlägt. So wird die Hitze des Herdes optimal ausgenutzt. Eine weitere Energieeinsparung von ca. 10-15 % kann erreicht werden, indem man die Nachwärme einer Herdplatte ausnutzt, d. h. den Herd ca. 5 Minuten vor Ende der Garzeit abschaltet.

Das 1x1 des schonenden Garens

- Seien Sie sparsam bei der Zugabe von Garflüssigkeit, d. h. wählen Sie die Garverfahren Dünsten, Dämpfen und Pfannenrühren.
- Die richtige Gartemperatur ist wichtig (Dämpfen/Dünsten: 98-100 °C). Nachwärme der Platte ausnutzen!
- Vergessen Sie nicht, den Kochtopf gut zu verschließen – zum Schutz der luft- und lichtempfindlichen Vitamine.
- Gemüse „al dente", d. h. bissfest garen.
- Eventuell entstehende Garflüssigkeit mitverwenden (z. B. für Saucen oder als Brühe).
- Die Speisen nicht über längere Zeit warm halten.
- Die Topfgröße auf den Kochplattendurchmesser und die Gargutmenge abstimmen.
- Frisches, rohes Gemüse fein geschnitten zur fertigen Speise geben – das wertet jede Mahlzeit auf.
- Tiefgefrorenes Gemüse am besten nur angetaut in den Topf geben und gar dünsten.

Gemüse und Kartoffeln

So gelingt's

Schritt für Schritt Gemüse garen

1. **Vorbereiten**
   Gemüse waschen, putzen, grob oder fein zerkleinern; dabei etwas rohes Gemüse unzerkleinert zur Seite stellen.

2. **Dünsten**
   Ohne Fett:
   Wasser oder Brühe (je nach Gemüseart bis zu 100 ml pro kg) zum Kochen bringen. Das geputzte Gemüse – nach Garzeit gestaffelt – dazugeben.
   Wer will, kann nach dem Garen noch etwas Fett zugeben.
   Mit Fett:
   Das Gemüse in wenig Butter oder nativem, kalt gepresstem Öl kurz anschwitzen und mit etwas Flüssigkeit ablöschen. Kurz aufwallen lassen, dann die Temperatur herunterschalten. Nach und nach – abgestuft nach Garzeit – das übrige Gemüse zugeben.
   Nicht vergessen: Deckel drauf!

3. **Garzeit**
   Je nach Gemüseart und -menge beträgt die Garzeit ca. 5-10 Minuten. Das Gemüse sollte „al dente", also noch knackig sein. Kurz vor Ende der Garzeit zügig die „Kurzgarer" zufügen, und den Deckel wieder schließen.
   Ab sofort – auch wenn es schwer fällt – das „Topfgucken" vermeiden; stattdessen in der Zwischenzeit das unzerkleinerte Gemüse fein schneiden, raffeln oder reiben.

4. **Anrichten**
   Nach 5-10 Minuten das Gemüse vom Herd nehmen. Nach Geschmack würzen, und eventuell das vorbereitete, fein zerkleinerte, rohe Gemüse zugeben.

5. Nach Geschmack mit frischen Kräutern **verfeinern und servieren.**

So groß ist eine Portion:

Gemüse oder Kartoffeln als Beilage (geputzt):	100-200 g
Gemüse oder Kartoffeln als Hauptgericht:	200-350 g

Gemüse und Kartoffeln

Kartoffeln – für Sie in Schale …

Pellkartoffeln eignen sich hervorragend als Beilage zu gedünstetem Gemüse. Sie sollten mit der Schale gekocht werden, damit die Inhaltsstoffe in Ihrem Magen und nicht im Kochwasser landen. Eventuell vorhandene grüne Stellen enthalten Solanin und müssen vor dem Kochen entfernt werden.

Vorbereitung und Garen

1. Die Kartoffel gründlich unter kaltem Wasser bürsten.
2. Für 1 kg Kartoffeln bis zu ¼ l Wasser im geschlossenen Topf aufsetzen und aufkochen lassen.
3. Kocht das Wasser? Dann die Kartoffeln (eventuell auf einem Siebeinsatz) in den Topf geben – die größeren zuerst.
4. Bei mittlerer Hitze ca. 20 Minuten garen (übrig gebliebenes Kochwasser abgießen).

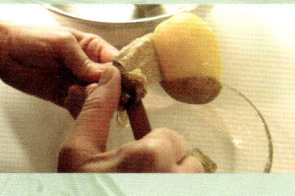

Zubereitungsmöglichkeiten für die tolle Knolle

- In zerlassener Butter schwenken, evtl. Kräutersalz dazugeben.
- Kerbel, Salbei, Petersilie oder Thymian fein hacken, unter Kartoffelscheiben mischen, einige Minuten ziehen lassen und/oder grob geriebene Nüsse bzw. Samen rösten und darüber streuen.
- Mit Frischkäse und Kräutern servieren.
- Kartoffeln und Gemüse in eine feuerfeste Form schichten, mit geriebenem Käse bestreuen und bei starker Oberhitze kurz schmelzen lassen.
- Kreieren Sie nach eigenem Gusto, z. B. Brotaufstriche, Kartoffelsalate, Kartoffelgulasch.

Milchsaures Gemüse: Durch milde Säure haltbar

Einsäuern ist eine Jahrtausende alte Konservierungsmethode. Bereits vor 6000 Jahren machten die Chinesen aus verderblichem Kohl haltbares Sauerkraut. Auch heute noch ist die milchsaure Gärung eine geschätzte und besonders schonende Methode zur Haltbarmachung von Gemüse. Fast jedes Gemüse lässt sich dafür verwenden. Mit verschiedenen Kräutern und Gewürzen verfeinert reifen in den Gärtöpfen köstliche Delikatessen heran.

Bakterien bilden milde Säure

Das Prinzip der Milchsäuregärung ist recht einfach: Milchsäurebakterien, die sich auf jedem Gemüse und in der Luft befinden, bauen unter entsprechenden Bedingungen Kohlenhydrate aus den Lebensmitteln zu Milchsäure ab und gewinnen dabei Energie zum Leben. Durch die Säure werden unerwünschte Mikroorganismen abgewehrt und das Gemüse ist lange haltbar. Neben Milchsäure produzieren die Mikroorganismen auch geringe Mengen an Essigsäure sowie verschiedene Alkohole, Ester und Kohlendioxid. Milchsäurebakterien lieben es feucht und sauerstoffarm. Deswegen muss das Gemüse für die Gärung luftdicht verschlossen werden.

Die Gärung verläuft in drei Phasen. In der ersten Phase sind noch verschiedene Bakterienstämme daran beteiligt. Sie verbrauchen den mit der Luft eingebrachten Sauerstoff und produzieren verschiedene Gase, die zu Schaumbildung führen können. Die Gärgefäße sollten daher nur zu vier Fünftel gefüllt werden. Während der ersten Phase stellen Sie das Gärgefäß am besten in die Küche oder einen anderen warmen Raum. Temperaturen von 20 bis 25 °C sind am günstigsten. Nach 5 bis maximal 7 Tagen setzen sich die erwünschten Milchsäurebakterien durch, und es kommt zur eigentlichen Säuerung und Geschmacksbildung. Nach dieser ersten Gärphase sollten die Gefäße im Dunkeln stehen. Wenn Sie keinen dunklen Kellerraum haben, können Sie auch eine Kiste darüber stülpen. In der zweiten Phase liegen die Temperaturen am besten um 15 °C. Sie dauert etwa 2 Wochen. Falls Sie nur einen kälteren Raum zur Verfügung haben, kann sich die Gesamtgärzeit um 1 bis 2 Wochen verlängern. Für die letzte Phase (ca. 3 Wochen) ist es sinnvoll, den Gärtopf noch kühler zu stellen (zwischen 0 und 10 °C). Die Gärung ist nach etwa 6 Wochen weitgehend abgeschlossen. Es steigen dann keine Bläschen mehr auf und das Gemüse schmeckt angenehm sauer.

Geeignete Gemüsearten

Prinzipiell eignen sich alle Gemüsearten zum Einsäuern. Das bekannteste und wohl auch traditionellste milchsaure Gemüse ist das Sauerkraut. Es lässt sich ebenso wie Rotkohl und Wirsing sehr gut im eigenen Saft einsäuern und ist lange haltbar. Feste Arten wie Karotten, Rote Bete, Sellerie, Blumenkohl, Rettich und Rüben sollten leicht gestampft werden und das Gefäß mit Wasser aufgefüllt werden, so dass das Gemüse vollständig mit Flüssigkeit bedeckt ist. Wenn Wurzel- und Knollengemüse in feine Streifen geschnitten oder geraspelt sowie kräftig gestampft werden, brauchen Sie in der Regel nur wenig Wasser zugeben.

Autorin:
Kathi Dittrich

Milchsaures Gemüse

Empfindliche Gemüsearten wie Paprika, Bohnen, Zwiebeln, Pilze und Gurken sollten Sie nicht stampfen. Schneiden Sie die feinen Gemüse in verzehrgerechte Stücke, schichten Sie diese in das Gärgefäß, und drücken Sie es leicht an, damit möglichst viel Gemüse auf engem Raum Platz hat.

Zum Einsäuern weniger geeignet sind Frühjahrs- und Blattgemüse wie Kohlrabi, Radieschen oder Spinat. Diese Gemüsearten haben einen zu hohen Wassergehalt und werden beim Vergären schnell zu weich. Bohnen müssen vor dem Einsäuern angekocht werden (ca. 5-10 Minuten), damit giftige Inhaltsstoffe zerstört werden. Grüne, unreife Tomaten eignen sich aufgrund des gesundheitsschädlichen Solanins ebenfalls nicht zum Einsäuern.

Generell sollten Sie bei allen Gemüsen die festen Herbstsorten vorziehen und Ware aus ökologischem Anbau verwenden. Diese enthalten in der Regel weniger Wasser und sind nicht mit Stickstoff überdüngt, was sich günstig auf den Gärprozess auswirkt. Sollte Ihr Gemüse durch die Gärung doch einmal zu weich geworden sein, stand der Gärtopf wahrscheinlich zu warm. Sie können es aber noch gut püriert für Salatsaucen, Suppen oder Quarkspeisen verwenden.

Das richtige Gefäß

Heute wird nicht mehr in Holzfässern oder offenen Tontöpfen eingesäuert, sondern in luftdicht verschließbaren Gefäßen wie Spezial-Gärtöpfen oder Glasgefäßen. Gärtopfe werden aus glasiertem Steinzeug hergestellt und sind mit einem Deckel versehen, der in einer Rille sitzt. Diese Rille wird für die Gärung mit abgekochtem Wasser gefüllt und sorgt so für Luftabschluss; bei der Gärung entstehende Gase können jedoch entweichen. Zum Gärtopf gehören außerdem zwei halbkreisförmige Beschwerungssteine, die auf das Gemüse gelegt werden. Sie verhindern, dass Gemüsestücke in der Flüssigkeit nach oben schwimmen und so an die Luft gelangen. Gärtöpfe gibt es in Haushaltsgeschäften in verschiedenen Größen von 6 bis 30 Litern. Sinnvoll ist es, mehrere kleine Gärtöpfe zu verwenden, da kleinere Mengen schneller verzehrt werden. Nach Gebrauch müssen die Gärtöpfe gründlich mit heißem Wasser gespült, getrocknet und offen an einem trockenen Ort aufbewahrt werden.

Für kleinere Gemüsemengen sind Gläser die idealen Gärgefäße. Sie müssen fest verschließbar sein, z. B. mit einem Schraub- oder Patentverschluss. Vor Gebrauch sollten Sie Gläser, Deckel und eventuell vorhandene Gummiringe mit kochendem Wasser übergießen. Feste Gemüsearten werden in einer extra Schüssel gestampft und anschließend mit dem ausgetretenen Saft in das Glas gedrückt. Empfindliche Gemüsearten müssen ordentlich geschichtet und angedrückt werden. Damit das Gemüse nicht nach oben schwimmt, sollten Sie es mit einer runden Holzscheibe und einem passenden Stein beschweren. Sowohl das Holz als auch der Stein sollten vorher ausgekocht werden.

Milchsaures Gemüse

Hilfsmittel und Gewürze

Für das Einsäuern benötigen Sie im Prinzip nur Gemüse und eventuell Wasser. Verschiedene Zutaten können jedoch zu besserem Geschmack und Gelingen beitragen. Für Neulinge kann es hilfreich sein, dem Gemüse eine Startkultur zuzugeben. Hierfür eignet sich ein Esslöffel Sauerkrautsaft oder Molke pro Liter Gefäßvolumen, die über das gestampfte oder geschichtete Gemüse gegossen werden.

Da aber auf jedem Gemüse ausreichend Milchsäurebakterien vorhanden sind, ist ein Zusatz von Startkulturen nur eine zusätzliche Sicherheit.
Für die Gärung oder die Konservierung des Gemüses ist Salz eigentlich nicht nötig. Es hemmt jedoch in der Startphase unerwünschte Bakterien und trägt zur Geschmacksbildung bei. Es ist daher empfehlenswert, ein Prozent der Gemüsemenge an Salz zuzusetzen. Bei gestampften Gemüsearten wird das Salz zwischen die einzelnen Lagen gestreut und unterstützt gleichzeitig den Austritt des Zellsaftes. Bei geschichtetem Gemüse wird das Wasser gesalzen. Wenn Sie das vergorene Gemüse zubereiten, sollten Sie daran denken, dass es bereits gesalzen ist. Auch verschiedene Kräuter und Gewürze geben dem Gemüse ein pikantes Aroma.

Haltbarkeit und Lagerung

Das Gemüse sollte mindestens 6 Wochen gären, bevor Sie es verzehren. Öffnen Sie die Gärgefäße möglichst nicht vorher, sonst könnte es zur Fehlgärung kommen. Hilfreich ist es, wenn Sie bei Beginn der Gärung das Datum und den Inhalt auf dem Gefäß vermerken. Fertiges Sauergemüse ist bei kühler Lagerung 4 bis 6 Monate haltbar. Angebrochene Gläser können im Kühlschrank 4 bis 6 Wochen aufbewahrt werden. Der Gärtopf sollte möglichst selten geöffnet und die Topfinnenwand nach jeder Entnahme mit einem sauberen, in heißes Wasser getauchten Lappen abgewischt werden. So vermeiden Sie, dass sich durch die Luftzufuhr weiße Kahmhefe auf der Oberfläche bildet. Diese ist zwar nicht gesundheitsschädlich, sollte aber aus geschmacklichen Gründen abgetragen werden. Entnehmen Sie das Gemüse z. B. mit einer Eiswürfelzange oder mit einem Schöpflöffel. Am besten füllen Sie gleich eine größere Menge für mehrere Tage ab und bewahren diese in einer verschließbaren Schüssel im Kühlschrank auf.

Lecker im Salat und gekochten Speisen

Aus milchsaurem Gemüse können vielerlei köstliche Gerichte zubereitet werden. Am besten schmeckt es frisch als Salat, Brotbelag oder Zugabe zu Quarkspeisen. Eine erfrischende Note für herzhafte Kartoffel- oder Getreidesalate geben gesäuerte Paprika, Gurken, Bohnen oder Rote Bete. Aber auch in Suppen oder Eintöpfen schmeckt milchsaures Gemüse hervorragend.

Ideale Konservierung

Milchsäuregärung ist eine Konservierungsmethode, die wenig Nährstoffverluste mit sich bringt. Darüber hinaus erfordert die Gärung keine Energiezufuhr wie etwa Einfrieren oder Einkochen von Gemüse. Milchsaure Produkte sind zudem sehr bekömmlich und haben eine positive Wirkung auf die Darmflora. Das Einsäuern von Gemüse ist daher die ideale Konservierungsmethode für die Vollwert-Ernährung.

Milchsaures Gemüse

So gelingt's

Grundrezept Sauerkraut
für einen 10 Liter-Gärtopf

8-10 kg	Weißkraut
100 g	Salz
3 El	Wacholderbeeren
5 Stk.	Lorbeerblätter
2 El	Kümmel
	evtl. 1 El Sauerkrautsaft oder Molke, als Startkultur

So wird's gemacht:

1. Weißkraut putzen, waschen und hobeln, 3-4 große Blätter zum Abdecken beiseite legen.
2. Gärtopf ca. 5 cm hoch mit gehobeltem Weißkraut füllen und mit der Faust oder einem Holzstampfer kräftig einstampfen, bis Zellsaft austritt.
3. Die nächste Lage Weißkraut einfüllen und ebenfalls kräftig stampfen.
4. Zwischen die einzelnen Lagen jeweils etwas Salz und Gewürze streuen.
5. Wenn alles Weißkraut im Gärtopf ist, sollte das Gefäß etwa zu vier Fünftel gefüllt und das Kraut mit Flüssigkeit bedeckt sein. Eventuell Startkultur (1 El Sauerkrautsaft oder Molke pro Liter) darüber gießen. Kraut mit den ganzen Kohlblättern bedecken, Beschwerungssteine auflegen und Deckel schließen.
6. Abgekochtes Wasser in die Rinne des Gärtopfes gießen.
7. Gärtopf 5-7 Tage an einem warmen Ort (20-25 °C) stehen lassen. Danach an einem kühleren Ort (etwa 15 °C) 2 Wochen weitergären lassen. Darauf achten, dass immer genügend Wasser in der Rinne ist.
8. Gärtopf nach ca. 3 Wochen Gesamtgärzeit noch kühler (etwa 0-10 °C) stellen. Nach ca. 6 Wochen ist das Sauerkraut fertig. Kühl lagern.

Das gibt dem Gemüse Würze:

Gewürz	Gemüse
Ingwer	Kürbis, Rote Bete
Nelke, sparsam	Kürbis, Rote Bete, Möhren
Kümmel	Kohl, Gurken, Kürbis
Wacholder	Weiß-, Rotkraut
Koriander	Möhren, Rotkraut, Lauch, Kürbis
Pfefferkörner	Rettich, Paprika, Kohl, Gurken, Kürbis u. a.
Dillsamen	Gurken, Bohnen
Senfkörner	Gurken, Möhren, Rettich, Bohnen
Lorbeerblatt	Kohl, Lauch, Rote Bete, Steckrüben
Bohnenkraut	Gurken, Bohnen
Thymian	Gurken, Bohnen
Rosmarin	Paprika
Dillkraut	Gurken, Bohnen

Milchsaures Gemüse

Grundrezept Sauergemüse im Glas
für ein 1-Liter-Glas

600-800	g	Gemüse, je nach Art
10	g	Salz
300-500	ml	Wasser, abgekocht
		Gewürze nach Geschmack

So wird's gemacht:
1. Gemüse in verzehrsgerechte Stücke schneiden bzw. raspeln.
2. Gemüse in einer Schüssel stampfen oder drücken mit Ausnahme von Bohnen, Gurken, Pilzen und Tomaten.
3. Gemüse abwechselnd mit den Gewürzen in das Glas schichten und kräftig andrücken. Das Glas soll nur zu vier Fünftel gefüllt sein.
4. Wasser abkochen und erkalten lassen. Salz darin auflösen und über das Gemüse geben. Es sollte 1-2 cm über dem Gemüse stehen.
5. Falls vorhanden, Holzbrettchen und Beschwerungsstein auflegen. Glas fest verschließen.
6. 5-7 Tage an einem warmen Ort stehen lassen. Danach an einem kühleren Ort (etwa 15 °C) 2 Wochen weiter gären lassen. Glas ins Dunkle stellen oder abdecken.
7. Glas nach ca. 3 Wochen Gesamtgärzeit noch kühler stellen (etwa 0-10 °C). Nach ca. 6 Wochen ist das Sauergemüse fertig. Kühl lagern.

Das passt zusammen:
- Wirsing mit Möhren
- Paprika mit Zwiebeln und Knoblauch
- Rote Bete mit Äpfeln
- Karotten, Sellerie und Steckrüben
- Bunte Mischung:
  Möhren, Weißkraut, Paprika, Steckrüben, Tomaten, Blumenkohl
- schwarzer Rettich, Möhren, Äpfel
- Kürbis, Paprika, Tomaten

In Form gebracht: Kartoffelteige und -massen

Bereits als einfache Pellkartoffel ziert die Königin der Knollen vielerlei Gerichte. Ab und zu möchte man jedoch etwas Besonderes auf den Tisch bringen. Auch dafür eignen sich die tollen Knollen. Zerstampft und neu in Form gebracht, bereichern sie so manchen Speiseplan. Mit wenig Aufwand entstehen aus gekochten und zerdrückten Kartoffeln leckere Pürees, Teige, Klößchen und andere Spezialitäten.

Bei der Herstellung von geschmeidigen Massen und Teigen aus Kartoffeln kommt es besonders auf die Qualität der Rohware an. Am besten eignen sich dafür mehlig kochende Kartoffelsorten mit einem möglichst hohen Stärkeanteil wie Adretta, Afra, Likoria u. a. (siehe Tabelle auf Seite 29). Die meisten Rezepte gelingen jedoch auch noch mit vorwiegend festkochenden Sorten. Das Ergebnis kann dann allerdings etwas zäher werden.

In wenig Wasser garen

Zunächst werden die Kartoffeln gründlich gereinigt, am besten unter fließendem Wasser mit einer Bürste. Die sauberen Knollen in einen Topf mit gut schließendem Deckel geben und etwas Wasser dazu gießen. Es reicht aus, wenn der Topf 1-2 cm mit Wasser gefüllt ist. Beim Kochen verbreitet sich der entstehende Dampf im gesamten Topfinnenraum und sorgt dafür, dass die Kartoffeln gleichmäßig garen. Sehr gut lassen sich Kartoffeln auch mit Hilfe eines Dämpf-Einsatzes zubereiten. Die Erdäpfel schweben dann sozusagen über der kochenden Flüssigkeit.

Noch heiß weiterverarbeiten

Nach etwa 20 bis 30 Minuten Kochzeit sind die Knollen gar und können weiterverarbeitet werden. Für Pürees oder Duchesse-Massen sollten sie unbedingt heiß verarbeitet werden. Deswegen die Kartoffeln nur kurz mit kaltem Wasser abschrecken und in einem Sieb einige Minuten abdampfen lassen. Dabei verdampft noch eine Menge Feuchtigkeit, was für die Weiterverarbeitung von Vorteil ist. Auch Kartoffelteig gelingt am besten mit noch warmen Knollen. Die noch heißen Erdäpfel sollten sofort geschält und durch eine Kartoffel- oder Spätzlepresse gedrückt werden. Dadurch entsteht eine sehr gleichmäßige, feine Masse. Alternativ dazu können die geschälten Knollen auch mit einem Kartoffelstampfer oder einer stabilen Gabel zerdrückt werden. Das Ergebnis ist dann aber nicht so fein. Es bleiben meist noch kleine Bröckchen übrig, was vor allem bei Püree auch seinen Reiz haben kann.

Variantenreich als Püree

Für Püree werden die passierten, noch heißen Kartoffeln mit so viel heißer Milch oder Gemüsebrühe verrührt, bis eine cremig-lockere Konsistenz entsteht. Wichtig ist, dass von Hand mit dem Schneebesen oder einem Teigspachtel gerührt wird. Durch schnelles Schlagen z. B. mit einem elektrischen Mixer kann das Püree unangenehm klebrig und zäh werden.

Durch unterschiedliche Zutaten kann Kartoffelpüree phantasievoll variiert werden. So können z. B. klein geschnittene, gedünstete Zwiebeln und/oder andere Gemüse in die zerdrückten Kartoffeln eingearbeitet werden. Auch püriertes Gemüse oder Obst ist eine gute Ergänzung und kann interessante Farbeffekte ergeben. Sehr gut schmeckt ein Püree aus je einem Drittel Äpfeln, Sellerie und Kartoffeln. Noch fruchtiger wird das Püree, wenn ein Teil der Flüssigkeit durch Apfelsaft ersetzt wird.

Autor: Georg Berger

Kartoffelteige und -massen

Werden die passierten Kartoffeln mit etwas flüssiger Butter vermengt und durch Sauermilchprodukte oder ein bis zwei Eier bzw. Eigelbe ergänzt, entsteht daraus eine Duchesse-Masse. Diese kann mit einem Spritzbeutel zu kleinen Häufchen auf ein mit Backpapier ausgelegtes Blech gesetzt und im Backofen als „Herzoginkartoffeln" goldbraun gebacken werden. Aber auch kleine Bällchen, Plätzchen und Bratlinge können aus der Kartoffelmasse geformt werden. Wird die Duchesse-Masse mit Brandteig vermischt, entstehen daraus Pommes Dauphine. Für Kroketten wird die Duchesse-Masse mit Eiern noch warm zu etwa 4 cm langen Rollen geformt, in Vollkornmehl, verquirltem Ei sowie Vollkornbrösel paniert und in Fett schwimmend gebacken. Ernährungsphysiologisch ist das Backen in Fett eher kritisch zu bewerten, vor allem, da die Panade ziemlich viel davon aufsaugt. Ab und zu genossen, ist dagegen jedoch nichts einzuwenden. Allerdings sollte die Qualität des verwendeten Backfettes stimmen; verwenden Sie möglichst ungehärtetes Kokosfett oder Butterschmalz.

Vielseitiger Kartoffelteig

Mit etwas mehr Aufwand entsteht aus den zerdrückten Knollen ein vielseitig verwendbarer Teig, der sowohl für süße Leckereien wie Obstknödel oder gefüllte Taschen als auch für viele pikante Gerichte Verwendung findet, z. B. Gnocchi, Knödel, Schupfnudeln ... Hierfür werden die zerdrückten Kartoffeln mit Hartweizenmehl, etwas Butter, meist einem Ei und Gewürzen zu einem festen, geschmeidigen Teig verknetet. Besonders gut wird das Ergebnis, wenn die Kartoffeln noch warm verarbeitet werden. Aber auch aus kalten, gekochten Kartoffeln lässt sich der Teig herstellen. Ausgekühlte Kartoffeln können gut mit einer Reibe zerkleinert werden.

Hartweizen bevorzugen

Fein gemahlenes Getreide oder Vollkorngrieß sorgen dafür, dass die Kartoffelmasse beim Kochen noch gut zusammenhält. Am besten eignet sich für diesen Zweck gemahlener Hartweizen. Er enthält ein besonders ausgewogenes Verhältnis von Stärke und Kleber, welche die Eigenschaft haben, Wasser zu binden und dabei nicht klebrig zu werden. Steht Ihnen einmal kein Hartweizen zur Verfügung, können Sie den Kartoffelteig auch mit normalem Weizen oder Dinkel zubereiten. Der Teig wird dann aber aufgrund der andersartigen Kleberstruktur leicht zäh und sollte nach Möglichkeit innerhalb kurzer Zeit gegart werden. Etwas besser wird das Ergebnis, wenn Sie stärkereiche, kleberarme Getreide verwenden, z. B. Mais, Hirse oder Buchweizen. Allerdings sollte dann die Mehlmenge um etwa 30 Prozent erhöht werden. Kartoffelteige, die mit Mehl aus stärkereichem Getreide sowie Hartweizen zubereitet wurden, können ungegart über einige Stunden kühl und zugedeckt aufbewahrt werden.

Kartoffelteige und -massen

Weitere Zutaten bringen Abwechslung

Auch ohne Ei und Butter

Statt Butter können auch native, kalt gepresste Öle oder ungehärtete Margarine mit hohem Anteil an nativem Kaltpressöl verwendet werden. Fett gibt dem Kartoffelteig einen runden Geschmack und macht ihn geschmeidiger. Er gelingt aber auch ohne Fettzugabe. Das Ei oder Eigelb, das in den meisten Kartoffelteigen enthalten ist, bewirkt durch seinen Lecithin- und Fettgehalt, dass die Masse geschmeidiger und kochfester wird. Es geht aber auch ohne Eier. Dann muss die Feuchtigkeit durch andere Zutaten wie Sauermilchprodukte, Quark oder eine einfache Gemüsebrühe ersetzt werden. Zusätzlich ist es günstig, bei eifreien Teigen etwas mehr Hartweizenmehl (etwa 200 g auf 500 g Kartoffeln) zu verwenden, damit die Masse ausreichend bindet.

Kartoffelteig eignet sich sowohl zur Zubereitung von süßen als auch von pikanten Mahlzeiten. Für die süße Variante können ca. 50 g Honig oder andere Süßungsmittel zugegeben werden. Kartoffelteig lässt sich zu vielen verschiedenen Formen verwandeln: Er kann zu Nudeln gerollt sowie zu Gnocchi, Klößchen, Scheiben usw. geformt werden. Diese werden dann in Wasser oder in Fett schwimmend gegart. Auch gefüllte Knödel und Taschen aus Kartoffelteig schmecken gut. Als Füllung eignen sich pikante und süße Massen aus Gemüse, Getreide, Milchprodukten, Käse, Kräutern, Nüssen oder Mohn. Obstknödel lassen sich mit entsteinten Pflaumen oder Aprikosen füllen. Kartoffelteig kann auch zu einem Strudel gerollt im Ofen goldbraun gebacken oder in einem Küchentuch eingeschlagen in köchelndem Wasser gegart werden. In Aufläufen, Gratins oder Pfannengerichten lässt sich bereits gegarter Kartoffelteig phantasievoll einsetzen.

Kartoffelteig, Püree und Duchesse-Masse bekommen durch weitere Zutaten eine interessante Note. Pro Grundrezept können Sie bis zu 200 g andere Lebensmittel zugeben wie geriebenen Hartkäse, Quark oder Sauermilchprodukte, gehackte Nüsse, Mandeln oder Ölsaaten – evtl. vorher geröstet. Auch gehackte Kräuter, Gemüse klein geschnitten oder fein gerieben – roh oder gedünstet – passierter Spinat, gedünstete Zwiebeln und Knoblauch, Tomatenmark sowie gedünstete und gehackte Pilze vertragen sich gut mit Kartoffeln.

Kartoffelsorten	festkochend	vorwiegend festkochend	mehlig kochend
sehr frühe Sorten	Princess	Berber, Christa, Rosara, Arkula, Leyla	
mittelfrühe Sorten	Linda, Nicola, Selma	Agria, Laura, Quarta, Satina, Secura, Solara	Adretta, Afra, Likaria
mittelspäte bis sehr späte Sorten			Desiree, Aula, Datura, Monza, Maritta

Kartoffelteige und -massen

So gelingt's

Kartoffelpüree
Grundrezept
- 600 g Kartoffeln, mehlig kochend
- 200 g Vollmilch
- 20 g Butter
- 1 Tl Salz
- 1 Pr. Pfeffer
- 1 Pr. Muskat

Duchesse-Masse
Grundrezept
- 600 g Kartoffeln, mehlig kochend
- 1 Ei
- 40 g Butter, flüssig
- 1 Tl Salz
- 1 Pr. Pfeffer
- 1 Pr. Muskat

Kartoffelteig, pikant
Grundrezept
- 600 g Kartoffeln, mehlig kochend
- 150 g Hartweizen, fein gemahlen
- 1 Ei
- 20 g Butter, flüssig
- 1 Tl Salz
- 1 Pr. Pfeffer
- 1 Pr. Muskat

Kartoffelteig, süß
Grundrezept
- 600 g Kartoffeln, mehlig kochend
- 150 g Hartweizen, fein gemahlen
- 1 Ei
- 20 g Butter, flüssig
- 50 g Honig
- ½ Tl Zitronenschale, gerieben
- je 1 Pr. Salz, Zimt, Vanille

Kartoffelteige und -massen

So wird's gemacht:
1. Kartoffeln sauber waschen und abbürsten.
2. Etwa 200 ml Wasser in einem ausreichend großen Topf zum Kochen bringen. Die Kartoffeln dazugeben und in etwa 20-30 Minuten bei mäßiger Hitzezufuhr garen.
3. Kartoffeln kurz mit kaltem Wasser abschrecken – sie sollten jedoch noch heiß bleiben – und pellen.
4. Noch heiß durch eine Kartoffel- oder Spätzlepresse drücken bzw. mit einem Kartoffelstampfer zerkleinern und unverzüglich weiterverarbeiten.

als Kartoffelpüree:
5. Vollmilch, Butter und Gewürze in einem größeren Topf kurz erhitzen, vom Herd nehmen, die gestampften Kartoffeln dazugeben, mit einem großen Schneebesen alles gut verrühren und abschmecken.

als Duchesse-Masse:
5. Butter, Ei bzw. Sauerrahm und Gewürze mit den gestampften Kartoffeln gut vermischen und abschmecken.
6. In einen Spritzbeutel füllen und 16-24 gleichgroße Rosetten auf ein mit ungehärtetem Kokosfett oder Butterschmalz gefettetes Backblech setzen.
7. Im vorgeheiztem Backofen bei 180-200 °C je nach Größe etwa 10-15 Minuten backen.

als Kartoffelteig:
5. Hartweizenvollkornmehl, Ei, Butter und Gewürze zu den gestampften Kartoffeln geben, alles gut verkneten und abschmecken. Der Teig sollte sich trocken anfühlen und gut formbar sein. Bei zu feuchtem, klebrigem Teig noch ein wenig Mehl einarbeiten.
6. Etwa 8-12 Knödel daraus formen und in köchelndem, leicht gesalzenem Wasser etwa 10-15 Minuten garen.

Kartoffelteige und -massen

Roher Kartoffelteig
Grundrezept

250	g	gekochte und geschälte Kartoffeln, mehlig kochend
350	g	rohe und geschälte Kartoffeln, mehlig kochend
50-100	g	Hartweizen, fein gemahlen
1	Tl	Essig oder Zitronensaft
¼	Tl	Salz
		Parmesan, Kräuter

Eine Besonderheit stellt Kartoffelteig dar, bei dem ein Teil der Kartoffeln roh verarbeitet wird. Ein solcher Teig sollte möglichst nur aus mehlig kochenden Sorten zubereitet werden. Dieser Teig eignet sich gut für alle gekochten Kartoffelgerichte wie Gnocchi, Knödel, Nudeln usw.
Schmackhafte Variationen sind auch durch Zugabe von Gemüse, Kräutern, Käse u. a. möglich.

So wird's gemacht:
Gekochte Kartoffeln durch die Kartoffelpresse drücken oder fein zerstampfen. Rohe Kartoffeln ganz fein reiben, mit Essig und Salz vermischen, fest ausdrücken, Saft auffangen und ausgedrückte Kartoffeln zu den gekochten Kartoffeln geben. Kartoffelsaft stehen lassen, bis sich Stärke am Gefäßboden abgesetzt hat (etwa 15 Minuten), Flüssigkeit abgießen und den Stärkesatz zusammen mit dem Hartweizenvollkornmehl zum Teig geben.
Etwa 8-12 Knödel formen und in köchelndem, gesalzenem Wasser (oder Gemüsebrühe) etwa 10-15 Minuten garen bzw. als Kartoffelpuffer mit etwas Fett in der Pfanne goldgelb backen. Die Puffer schmecken auch gut, wenn nur rohe Kartoffeln verwendet werden.

So kommt Geschmack an den Kartoffelteig:
Damit die mühsam verarbeiteten Knollen auch wirklich rund munden, ist es wichtig, die Masse mit passenden Gewürzen gut abzuschmecken. Zu den Haupt- und Nebenzutaten, die oft schon viel an Geschmack mitbringen, z. B. Käse, Zwiebeln, Gemüse etc., kann Kartoffelteig mit verschiedenen Gewürzen abgerundet werden.

Pikante Richtung: Pfeffer, Muskat, Koriander, Kümmel, Majoran, Thymian, Basilikum u. a.
Süße Richtung: Vanille, Zimt, Zitronen- und Orangenschale, Koriander, Anis und evtl. auch Minze.

Beim Kochen von Klößen ist darauf zu achten, dass das Kochwasser gut gewürzt ist – evtl. sogar in abgeschmeckter Gemüsebrühe köcheln lassen. Die fertigen Klöße möglichst nicht in der Garflüssigkeit liegen lassen.
Süßen Kartoffelteig am besten in nur leicht gesalzenem Wasser garen.

Hülsenfrüchte

Erbsen, Linsen, Bohnen: Hülsenfrüchte auf den Tisch

Lange als „Arme-Leute-Essen" verpönt, werden Hülsenfrüchte heute von der Haute-Cuisine neu entdeckt. Auch Vollwertköstler lassen sich dieses gesunde Geschmackserlebnis nicht entgehen. Die runden, ovalen oder länglichen Samen verführen mit ihren bunten Farben zu phantasievoller Zubereitung.

Als Hülsenfrüchte bezeichnet man die reifen, trockenen Samen von Pflanzen mit zweischaligen Hülsen aus der Familie der Schmetterlingsblütler (Leguminosen). Dazu gehören Bohnen, Erbsen, Linsen und Lupinen, aber auch Kichererbsen und Erdnüsse. Die halbreifen grünen Bohnen und Erbsen wie Stangenbohnen, Buschbohnen oder Zuckererbsen zählen zum Gemüse.

Hülsenfrüchte sind wahre Eiweißbomben unter den pflanzlichen Nahrungsmitteln. Nur sind sie mit einer zufuhrnotwendigen Aminosäure (Methionin) etwas mager ausgestattet. Hier können Getreide und Milchprodukte einspringen und mit ihrem reichlichen Angebot an Methionin das Manko wettmachen. Umgekehrt helfen Hülsenfrüchte die Lücken im Getreideeiweiß zu schließen. Kommt beides gemeinsam auf den Teller, ist es mindestens so viel wert „wie ein kleines Steak".

Eiweiß: Gemeinsam sind wir stark

Interessanterweise bestehen traditionelle Speisen vieler Völker genau aus solchen Kombinationen: Reis mit Linsen (Indien), Mais mit Bohnen (Lateinamerika) und Hirse mit Kichererbsen (Nordafrika). Auch in einem deutschen Ländle harmonieren Spätzle mit Linsen auf dem Teller. Für Nichtschwaben tut's auch das Vollkornbrötchen zur Erbsensuppe.

Aber Hülsenfrüchte haben noch viel mehr zu bieten. Denn sie enthalten einen sehr hohen Gehalt an Ballaststoffen und zahlreiche Vitamine, insbesondere der B-Gruppe. Hülsenfrüchte – außer Sojabohnen und Erdnüsse – enthalten außerdem fast kein Fett. Das macht sie bei den heutigen zu fettreichen Ernährungsgewohnheiten zu einem optimalen Lebensmittel. Darüber hinaus haben sie einiges an Mineralstoffen zu bieten, besonders Magnesium, Kalium und Eisen.

Sojabohnen

Sojabohnen nehmen unter den Hülsenfrüchten eine Sonderstellung ein. Das liegt zum einen an ihrem hohen Fett- (20 %) und Eiweißgehalt (40 %) und zum anderen an ihren gesundheitsfördernden Inhaltsstoffen wie Phytoöstrogenen, sekundären Pflanzenstoffen (v. a. Isoflavone) und Ballaststoffen. Insgesamt haben Sojabohnen aufgrund dieser Inhaltsstoffe einen positiven Einfluss auf das Herz-Kreislauf-System, Fettstoffwechselstörungen, bestimmte Krebserkrankungen, Osteoporose sowie Beschwerden während der Wechseljahre.

Bei Produkten aus Sojabohnen wie Sojamilch, Tofu und Co. sollten Sie immer auf den Verarbeitungsgrad achten. Aufwändig hergestellte Produkte – insbesondere Texturierte Sojaprodukte (Sojafleisch) – sind wegen des hohen Energieaufwands während der Herstellung nicht zu empfehlen.

Beim Kauf von Soja und Sojaprodukten sollten Sie Produkte aus ökologischer und regionaler Erzeugung wählen. Diese Produkte garantieren Ihnen u. a. gentechnikfreie Ware und schonen die Umwelt.

Damit sich trockene Hülsenfrüchte in schmackhafte Gerichte verwandeln können, müssen sie eine Menge Flüssigkeit aufnehmen. In der 3-4fachen Menge Wasser schwimmend, quellen sie über Nacht ausreichend auf. Auch bei den an sich

Autor: Kathi Dittrich

Hülsenfrüchte

schnell kochenden Linsen lohnt sich das Einweichen: Die Kochzeit lässt sich um ca. 50 % reduzieren. Ganz Eilige können die Hülsenfrüchte auch im Schnellkochtopf garen, dadurch lässt sich die Kochzeit auf etwa ein Drittel reduzieren. Das Einweichwasser sollte zum Kochen mitverwendet werden, da sich einige Vitamine und Mineralstoffe bereits darin gelöst haben. Prall gequollene Hülsenfrüchte nehmen beim Kochen kaum mehr Flüssigkeit auf, es ist daher in der Regel nicht nötig, außer dem verbliebenen Einweichwasser noch Wasser hinzuzufügen.

Hülsenfrüchte – richtig gegart

Kochen Sie Ihre Linsen, Bohnen oder Erbsen einmal auf und stellen dann die Temperatur herunter. Leicht köchelnd werden die harten Samen dann weich. Den hartnäckigen Erbsen und Kichererbsen müssen Sie allerdings mit längerer Kochzeit beikommen. Für eine bessere Bekömmlichkeit sollten die Hülsenfrüchte nach dem Garen noch eine Stunde im Topf nachquellen. Linsen und Bohnen werden nach dem Ankochen auch in der Kochkiste oder im warmen Bett gar.

Übrigens lassen sich gekochte Hülsenfrüchte problemlos einfrieren. Sind die Böhnchen & Co. noch ungewürzt, können Sie nach dem Auftauen eine Vielzahl von Gerichten daraus zaubern.

So werden harte Früchtchen weich

Hülsenfrüchte lieben's weich. Hat Ihr Leitungswasser eine hohe Wasserhärte (beim Wasseramt zu erfragen), tummeln sich darin jede Menge Calciumsalze. Diese gehen ebenso wie Magnesiumsalze mit den Ballaststoffen der Hülsenfruchtschale unlösliche Verbindungen ein, welche das Weichkochen behindern können. Die Hülsenfrüchte bleiben auch nach längerer Kochzeit bissfest. Wenn Sie beim Garen von Hülsenfrüchten Schwierigkeiten wegen harten Leitungswassers haben, können Sie folgendes unternehmen:

Kochen Sie das Wasser vorher ab und verwenden Sie es im abgekühlten Zustand weiter oder verwenden Sie einen Filter zum Entkalken. In alten Kochbüchern finden Sie häufig den Tipp, Soda (Natronsalz) dem Kochwasser zuzugeben. Dies beseitigt zwar die Calciumsalze, schädigt aber auch das wertvolle Vitamin B_1. Dieser Ratschlag sollte deswegen nicht in die Tat umgesetzt werden.

Immer vorrätig

Wenn Sie einmal Ihre Lieblingsart entdeckt haben, können Sie davon unbesorgt größere Mengen kaufen, denn Hülsenfrüchte können bei richtiger Lagerung ein Jahr und länger aufbewahrt werden. Hülsenfrüchte lieben es dunkel, luftig und trocken. In einer Papiertüte im Küchenschrank sind sie daher optimal aufgehoben.

Wichtig ist auch, dass Salz und Säure (Essig, Zitronensaft, Wein) erst gegen Ende der Garzeit zugegeben werden. Denn beides verzögert ebenfalls das Weichwerden. Und nicht vergessen: Auch Gemüsebrühwürze enthält erhebliche Mengen Salz. Alle anderen unzerkleinerten Gewürzsamen und grobe, getrocknete Kräuter können Sie unbedenklich mitkochen. Sie bereichern die Hülsenfrüchte mit ihren Geschmacks- und Aromastoffen und sorgen für die richtige Würze. Fein gemahlene Gewürze und frische Kräuter werden erst nach dem Garen zugegeben.

Auch wenn in der Vollwertküche unerhitzte Nahrung ganz groß geschrieben wird: Hülsenfrüchte brauchen die Hitze, damit schädliche Inhaltsstoffe zerstört werden.

Hülsenfrüchte

Denn ausgerechnet die eiweißreichen Hülsenfrüchte enthalten Trypsininhibitoren, die den Eiweißabbau im Körper behindern. Einige Arten enthalten zudem Hämagglutinine oder Lektine. Diese Eiweiße binden sich an die roten Blutkörperchen, wodurch diese verkleben und den Sauerstofftransport nicht mehr ausüben können. Durch das übliche Kochen werden diese Inhaltsstoffe jedoch unschädlich und die Hülsenfrüchte können ohne Bedenken genossen werden.

Hier tut Hitze gut
Gekeimte Hülsenfrüchte sollten ebenfalls nicht unerhitzt auf den Tisch kommen. Kurzes Blanchieren, d. h. kurzes Erhitzen der Keimlinge in kochendem Wasser oder Wasserdampf, macht die Giftstoffe unwirksam.

Hülsenfrüchte gelten als schwer bekömmlich und blähungsbildend. „Jedes Böhnchen gibt ein Tönchen" lautet die Verdauungsmelodie. Dies hat seinen Hintergrund: Schwer abbaubare Kohlenhydrate wie Raffinose und Stachyose können so manchem Hülsenfrucht-Genießer schwer im Magen liegen bzw. im Darm rumoren. Doch mit wenigen Tricks und richtiger Zubereitungstechnik werden aus Bohnen & Co. wohlbekömmliche Gerichte.

Richtig zubereitet bekommt's besser

Wichtig ist, dass besonders Bohnen und Erbsen ausreichend eingeweicht und richtig gar gekocht werden. Lässt man nach dem Garen die Böhnchen noch eine Weile (ca. 1 Stunde) im Topf nachquellen, machen sie weniger Ärger. Wirkungsvoll ist außerdem gründliches Kauen; durch den Speichel werden hartnäckige Kohlenhydrate bereits „vor"verdaut.

Übrigens bauen sich beim Keimen die schwer verdaulichen Kohlenhydrate größtenteils ab. Ein knackiger Linsensprossensalat oder ein feines Sprossengemüse sind in jedem Fall eine bekömmliche Angelegenheit.

Nicht die Bohne langweilig

Mit ihrem feinen, aber ausgeprägten Geschmack und ihrer sämigen Konsistenz können gegarte Hülsenfrüchte in einer Vielzahl von Gerichten verwendet werden. Kombinieren Sie nach Lust und Laune mit Kartoffeln, Gemüse und Getreide. Zum Würzen werden Bohnen und Linsen in Indien und Südamerika traditionellerweise mit Kreuzkümmel, Koriander, Anis und Kümmel abgeschmeckt. Dies hat sich nicht nur aus geschmacklichen Gründen bewährt, sondern die Doldenblütler fördern die Bekömmlichkeit der Speisen. Beliebt sind auch die aromatischen Kräuter der Lippenblütler (z. B. Majoran, Thymian, Rosmarin) oder Schärfe durch Cayennepfeffer, Paprikapulver oder Curry. Und: ein Schuss Säure (Essig, Zitronensaft oder Wein) gehört immer dazu!

Snacks aus der Hülse

Aus Hülsenfrüchten lassen sich herzhafte Snacks für zwischendurch kreieren. Probieren Sie doch einmal gekochte und dann auf einem Blech bei 220 °C (Ober- und Unterhitze) 30-40 Min. gebackene Kichererbsen. Oder wie wär's mit würzigen Kräckern: Eine gut gewürzte Bratlingsmasse dünn auf ein gefettetes Blech streichen und bei 200 °C (Ober- und Unterhitze) 20 Min. backen. Sofort in kleine Schnitten schneiden und auf einem Drahtgitter auskühlen lassen.

Hülsenfrüchte — So gelingt's

So garen Hülsenfrüchte:

1. **Verlesen**
   Hülsenfrüchte auf einen flachen Teller geben und Steine und Fremdsaaten herauslesen.
2. **Waschen**
   Hülsenfrüchte in kaltem Wasser waschen. Nimmt man dafür ein genügend großes Gefäß, schwimmen die Fremdsaaten obenauf und können abgeschöpft werden.
3. **Einweichen**
   Bis auf geschälte Linsen (rote oder gelbe Linsen) sollten alle Hülsenfrüchte eingeweicht werden, da sich dadurch die Kochzeit erheblich verkürzt. Auch ungeschälte Linsen garen nach dem Einweichen schneller. Weichen Sie die Hülsenfrüchte ca. 6-12 Stunden in der angegebenen Flüssigkeitsmenge ein.
4. **Kochen**
   Die eingeweichten Hülsenfrüchte im Einweichwasser aufsetzen. Wenn nötig noch etwas Wasser zugeben und aufkochen lassen. Nur so viel Wasser verwenden, wie die Hülsenfrüchte aufnehmen können.
   Nach dem Aufkochen bei kleiner Hitze weiter köcheln lassen, bis die Hülsenfrüchte weich sind. Garzeiten sind in der Tabelle auf Seite 37 angegeben.
5. **Abschäumen**
   Erbsen und Kichererbsen bilden beim Kochen Schaum. Dieser wird am besten mit einer Schaumkelle abgeschöpft.
6. **Salz und Säure**
   Salz und Säure erst gegen Ende der Kochzeit zufügen.

Einweichen vergessen?

Auch ohne Einweichen lassen sich Hülsenfrüchte garen, die Kochzeit ist dann allerdings verlängert. Energiesparend können Sie vorgehen, indem Sie die Hülsenfrüchte in einer ausreichenden Menge Wasser einmal aufkochen und dann eine Stunde quellen lassen. Danach können sie wie vorher eingeweichte Hülsenfrüchte weiterverarbeitet werden.

Hülsenfruchtsalat

200	g	Hülsenfrüchte, z. B. Bohnen, Linsen, Wasser, Menge siehe Tabelle Seite 37
5	El	Öl, nativ, kalt gepresst oder saure Sahne
2	El	Essig
		Gewürze, z. B. Kräutersalz, Pfeffer, Senf
400	g	Gemüse, z. B. Paprika, Tomaten, Zwiebeln

So wird's gemacht:
Hülsenfrüchte einweichen, gar kochen und abkühlen lassen. Aus Öl bzw. saurer Sahne, Essig und den Gewürzen eine Sauce zubereiten. Das Gemüse klein schneiden und mit den Hülsenfrüchten zu der Salatsauce geben. Gut vermengen und abschmecken.

Hülsenfrüchte

Hülsenfruchtbratlinge

200 g	Hülsenfrüchte, z. B. Linsen, Kichererbsen, Bohnen
	Wasser, Menge siehe unten stehende Tabelle
100 g	Zwiebeln
1	Ei, kann auch weggelassen werden
	Gewürze, z. B. Salz, Curry, Cumin, Paprika
	Kräuter, z. B. Petersilie, Liebstöckel, Majoran
4-8 El	Vollkornmehl oder Vollkornbrösel
	Kokosfett oder Butterschmalz zum Braten

So wird's gemacht:
Hülsenfrüchte über Nacht einweichen und kochen. Restwasser möglichst verkochen, sonst abtropfen lassen. Die Hülsenfrüchte mit klein geschnittenen Zwiebeln, Eiern, Gewürzen und Kräutern im Mixer grob zerkleinern. Etwas Mehl zum Binden dazugeben, mit zwei Löffeln kleine Bratlinge formen und im Fett ausbacken.

Eintopf aus Hülsenfrüchten

200-250 g	Hülsenfrüchte, z. B. rote Bohnen, Erbsen
	Wasser, Menge siehe unten stehende Tabelle
500 g	Gemüse, z. B. Paprika, Lauch, Karotten
100 g	Zwiebeln
	Gewürze, z. B. Gemüsebrühwürze, Koriander,
	Kümmel, Knoblauch, Essig, Kräuter, z. B. Lorbeerblatt, Oregano
	Zum Verfeinern: saure Sahne, Wein

So wird's gemacht:
Hülsenfrüchte einweichen und zusammen mit den getrockneten Kräutern aufsetzen. Nach ungefähr drei Viertel der Kochzeit klein geschnittenes Gemüse hinzugeben und alles gar kochen. Mit den Gewürzen und Essig abschmecken und mit saurer Sahne oder Wein verfeinern.

So viel Zeit brauchen Hülsenfrüchte:

Hülsenfrüchte	Garflüssigkeit bezogen auf Hülsenfruchtmenge in g	Einweichen	Garzeit in Minuten	Nachquellzeit in Minuten
Kichererbsen	3,5-4 fach	Ja	60-120	30-60 oder mehr
Erbsen, ungeschälte	3-3,5 fach	Ja	60-120	
Sojabohnen, gelbe	3,5 fach	Ja	60-80	
Bohnen	3-3,5 fach	Ja	45-60	
Mungobohnen	3 fach	Ja	30-45	
Erbsen, geschälte	3 fach	Ja/Nein	15-20 (uneingeweicht 30)	15-30 oder mehr
Linsen, ungeschälte	2,5-3 fach	Ja/Nein	10-15 (uneingeweicht 20-30)	
Linsen, geschält	2,5 fach	Nein	10-15	10-20 oder mehr

Getreide

Nicht nur für Körner-Kenner: Mit Getreide kochen

Aus verschiedenen Getreidearten werden vielfältige, warme oder kalte, süße oder pikante Gerichte zubereitet. Wie die diversen Getreidearten gegart, gewürzt und zu einer Fülle von Gerichten verarbeitet werden können, ist bei manch Köchin und Koch leider in Vergessenheit geraten. Hier zeigen wir Ihnen u. a., wie Sie aus Körnern verführerische Gerichte zaubern können oder wie ein pikanter Getreidesalat entsteht.

Anders als Gemüse, das bissfest gegart werden sollte, muss das trockene Getreidekorn vor dem Verzehr ausreichend Flüssigkeit aufnehmen, d. h. quellen. Erst dann ist eine gute Bekömmlichkeit gewährleistet. Das gegarte Korn muss dick und weich sein und darf beim Zerschneiden im Innern keine weiße, d. h. ungequollene Stärke mehr aufweisen. Einweichen oder Aufsetzen in kalter, ungesalzener Flüssigkeit, langsames Aufkochen, Garen und Nachquellen bei ca. 70 °C sind optimal.

Einweichen verkürzt Garzeit

Durch Einweichen vor dem Kochen können Sie die Garzeit beträchtlich verkürzen. Verwenden Sie das Einweichwasser auch zum Kochen, da sich wertvolle Inhaltsstoffe bereits darin gelöst haben. Langes Nachquellen des bereits gekochten Getreides erhöht die Bekömmlichkeit. Jede Getreideart hat ihre charakteristische Koch- und Nachquellzeit (siehe Tabelle auf Seite 41).
Große, hartschalige Körner wie Roggen, Weizen und Gerste werden mehrere Stunden eingeweicht und brauchen eine relativ lange Garzeit. Dagegen sind kleine, weichschalige Körner, z. B. Hirse oder Buchweizen, und auch Schrot ziemlich schnell gar und kommen auch ohne vorheriges Einweichen aus. Je nach Getreidesorte, Art des Herdes oder Topfes können die benötigten Flüssigkeitsmengen und Garzeiten von den angegebenen Richtwerten ein wenig abweichen. Wenn die Flüssigkeitsmenge einmal nicht so genau bemessen wurde, kann kurz vor Ende der Garzeit entsprechend fehlende Flüssigkeit zugegeben oder auch überflüssige bei offenem Deckel abgedampft werden. Größere Getreidemengen brauchen im Verhältnis etwas weniger Wasser, da aus dem vollen Topf weniger Flüssigkeit verdampft.

Hirse sollte bei Verwendung als ganzes Korn vor dem Kochen mit heißem Wasser gewaschen werden. Der Grund: Auf Hirsekörnern befinden sich oft ranzige Keimöle, die bitter schmecken und durch Waschen mit heißem Wasser entfernt werden.

Getreide kräftig würzen

Getreide verträgt kräftiges Würzen, auch um den Appetit anzuregen und die Bekömmlichkeit zu fördern. Beliebt sind die Blätter von Lippenblütlern (z. B. Majoran, Thymian) oder die Früchte von Doldenblütlern wie Kümmel und Koriander. Wer's scharf mag, greift zu Exoten wie Kardamom, Piment oder Curry. Ganze Gewürzsamen und grobe Blätter werden mitgekocht. Gemahlene Gewürze, gerebelte feine Blätter oder frische Kräuter sollten Sie erst zum Schluss zugeben.

Autorin:
Ruth Keussink

Getreide

Mehr Aroma und schön körnig

Bunte Vielfalt aus vollem Korn

Gekonnt salzen

Wenn Sie ganze Getreidekörner kochen, sollten Sie – mit Ausnahme der kurzgarenden Arten – erst gegen Ende der Garzeit salzen. Mit Salz in der Kochflüssigkeit bleibt die Schale der Getreidekörner hart – die Garzeit verlängert sich dadurch wesentlich. Dies spielt besonders bei hartschaligen, großen Getreidekörnern eine Rolle. Getreideschrot, bei dem die Getreideschale zerstört ist, und relativ weichschalige Körner wie Hirse, Buchweizen, Amaranth und Quinoa dagegen können ohne Beeinträchtigung der Garzeit bereits mit gesalzenem Wasser aufgesetzt werden. Übrigens: Instant-Gemüsebrühen bestehen meist überwiegend aus Salz.

Besonders körnig und auch intensiv im Geschmack werden sowohl Körner als auch geschrotetes Getreide, wenn sie im trockenen Topf bei mittlerer Hitze etwa 5-10 Minuten lang unter ständigem Rühren leicht erhitzt werden, bis sie aromatisch duften. Darren können Sie das Getreide auch – auf einem Backblech ausgebreitet – ½ bis 1 Stunde bei 60-80 °C (Ober- und Unterhitze) im Backofen. Dies ist sinnvoll, wenn der Ofen, z. B. nach dem Kuchenbacken, sowieso noch warm ist. Statt trockenem Darren ist bei ganzen Körnern auch Anschwitzen (Glacieren) des Getreides in wenig Fett möglich.

Lieben Sie die Hirse lieber körnig als breiig? Dann empfiehlt sich außer dem Darren auch die Zugabe von Salz direkt zu Beginn des Kochens und das Einstreuen des Getreides in die bereits kochende Flüssigkeit. Dies gilt auch für andere Getreidearten mit kurzen Garzeiten.

Auf der Grundlage gegarter ganzer Körner oder von Schrot lassen sich leicht die verschiedensten Gerichte zubereiten.

Für Bratlinge und Klöße werden die abgekühlten ganzen Körner durch Eier, Vollkornbrösel, feines Vollkornmehl oder auch Quark gebunden. Bratlinge aus Getreideschrot kommen mit weniger oder auch ohne Bindung aus. Geschmacksvielfalt entsteht durch die Zugabe von rohen oder gegarten Gemüsestückchen, Käse, Sahne, Kräutern und Gewürzen. Die fertige Masse wird geformt und beidseitig angebraten bzw. in Wasser gekocht. Lecker schmeckt dazu Tomaten-, Zwiebel-, Kräuter- oder Currysauce. An heißen Tagen und auf Parties besonders beliebt sind Getreidesalate aus ganzem Korn, z. B. mit Grünkern oder Gerste sowie frischem Gemüse wie Tomaten, Gurken oder Möhren zubereitet. Gern werden sie herzhaft abgeschmeckt, z. B. mit Sonnenblumenöl, Zwiebeln, Knoblauch, frischem Liebstöckel oder auch Kümmel. Übrigens: Getreidesalate lassen sich gut vorbereiten. Mit frischem Obst kombiniert eignen sie sich auch hervorragend als Dessert.

Getreide

Zusammen mit Gemüse, Pilzen, Obst, Käse und Eiern kann Getreide zu den verschiedensten Aufläufen – pikant oder süß – bunten Pfannengerichten oder als Füllung für Auberginen, Tomaten usw. verarbeitet werden. Hierfür eignen sich auch Getreidereste aller Art ganz hervorragend. Überbleibsel finden auch in Eintöpfen oder als Suppeneinlage Verwendung.

Getreide macht kreatives Kochen möglich. Ausreichendes Garen, kräftiges Würzen und raffinierte Kombinationen mit bunten Gemüsen und Saucen bringt Genuss für Augen und Gaumen, der nichts vermissen lässt. Probieren Sie es anhand der Rezepte doch einmal aus.

Bulgur und Couscous

Bulgur und Couscous sind vorgegarte Getreideprodukte. Obwohl beide meist aus Hartweizen sind, unterscheiden sie sich bezüglich Herstellungsverfahren und Inhaltsstoffen.

- Bei der industriellen Herstellung von Bulgur wird der Hartweizen zunächst zwei bis drei Stunden gedämpft und anschließend getrocknet. Durch dieses Verfahren gelangen die in den äußeren Kornschichten enthaltenen Vitamine und Mineralstoffe ins Korninnere. Die Nährstoffverluste sind dadurch gering, trotz der nachfolgenden, teilweisen Entfernung von Keim, Randschichten und Schalen. Ein Grützenschneider schneidet das Korn in grobe bis feine Teile.
- Couscous ist vorgegarter Grieß aus Hartweizen oder Hafer. In einem recht aufwändigen Verfahren wird das Getreide zunächst zu Grieß vermahlen. Anschließend wird der Grieß mit Wasser angefeuchtet, zu kleinen Kügelchen gerollt, gekocht und getrocknet. Beim Kochen verkleistert die Stärke, was die Stabilität erhöht, aber mit Nährstoffverlusten verbunden ist.

Im Aussehen, Geschmack und in der Küchenpraxis sind sich Bulgur und Couscous sehr ähnlich. Durch den höheren Wassergehalt ist Couscous allerdings weniger lange lagerfähig und durch die Herstellung weniger nährstoffreich als Bulgur.

Getreide

So gelingt's

So werden ganze Körner weich:

1. **Abmessen**
   Das Getreide abwiegen (in eine Tasse von 150 ml passen ca. 100 g Getreide).
2. **Waschen**
   Hirse gründlich mit heißem Wasser, die anderen Getreidearten kalt waschen.
3. **Flüssigkeitsverhältnis**
   Wie viel Wasser bzw. ungesalzene Gemüsebrühe pro Gewichtseinheit Getreide benötigt wird, sehen Sie in der unten stehenden Tabelle.
4. **Einweichen**
   Nur die mittel- und langgarenden ganzen Getreidekörner sollten 6-15 Stunden in kaltem Wasser oder ungesalzener Gemüsebrühe eingeweicht werden.
5. **Kochen**
   Eingeweichtes Getreide im Einweichwasser, uneingeweichtes Getreide mit kalter Flüssigkeit aufsetzen. Nach dem Aufkochen wird die Hitzezufuhr stark reduziert, so dass das Getreide nur leicht köchelt. Salz erst gegen Ende der Kochzeit zufügen. Der Topfdeckel sollte dicht schließen und nicht zu oft abgenommen werden, damit nicht zu viel Flüssigkeit verdampft.
6. **Nachquellen**
   Nach dem Kochen quillt das Getreide im geschlossenen Topf nach. Damit die Temperatur nicht zu stark absinkt, lässt man den Topf auf der ausgeschalteten Herdplatte stehen.

So wird Getreideschrot gegart:

Getreideschrot sofort in das heiße oder kalte, leicht gesalzene Wasser oder Gemüsebrühe einrühren. Unter ständigem Rühren aufkochen. Dann quellen lassen.

	Getreideschrot	Ganze Getreidekörner		
		Kurzgarer	**Mittelgarer**	**Langgarer**
Getreideart und Menge an Garflüssigkeit bezogen auf die Getreidemenge in g	Maisgrieß/Polenta: 3-4fach Alle anderen Arten: 2-2,5fach	Amaranth: 2-2,5fach Buchweizen: 1,5-2fach Hirse: 2-2,5fach Quinoa: 2-2,5fach	Grünkern: 2-2,5fach Hafer: 1,5-2fach Reis: 2-2,5fach	Dinkel: 2-2,5fach Gerste: 2-2,5fach Roggen: 2,5fach Weizen: 2,5fach Wildreis: 2,5fach
Einweichen	Nein	Nein	Ja/Nein	Ja
Kochdauer in Minuten	5-10	5-15	15-30 25-40 (ohne Einweichen)	30-45 60-80 (ohne Einweichen)
Salz ins Kochwasser	Ja	Ja	Nein	Nein
Nachquelldauer in Minuten	10-20 oder mehr	10-20 oder mehr	15-30 oder mehr	30-60 oder mehr

Getreide

Getreidemahlzeit – ganz schnell

- Hirse, Buchweizen und Getreideschrot – zu dem auch der Maisgrieß (Polenta) gehört – brauchen gar nicht eingeweicht zu werden und sind schon nach 5-15 Minuten gar.
- Kochen Sie eine größere Menge ungewürztes Getreide im voraus. Es hält sich im Kühlschrank im verschlossenen Behälter mehrere Tage und kann jederzeit schnell zu Bratlingen, Salaten usw. weiterverarbeitet werden.
- Getreide im Dampfdrucktopf zu garen, empfiehlt sich – wenn überhaupt – nur für lang garende ganze Körner wie Roggen, Weizen, Gerste und Dinkel. Die Garzeit verringert sich dadurch um 30-50 %.

Getreidebratlinge

200	g	Getreideschrot, z. B. Grünkern
½	Tl	Salz oder Kräutersalz
		getrocknete Gewürze, z. B. Lorbeerblatt oder Wacholderbeeren
400	ml	Wasser oder Gemüsebrühe
50	g	Zwiebeln
1	El	Öl, nativ, kalt gepresst
1		Ei
		Gewürze, z. B. gemahlener Pfeffer, gemahlener Koriander, frische, gehackte Kräuter
		Kokosfett, ungehärtet oder Butterschmalz
1-3	El	Weizen-, Buchweizen- oder Vollsojamehl

So wird's gemacht:

Getreideschrot mit Salz und getrockneten Gewürzen in Wasser oder Gemüsebrühe garen. Zwiebeln fein schneiden und in Öl anschwitzen. Getreidebrei mit Ei, Zwiebeln, Gewürzen und Kräutern vermischen, abschmecken. Je nach Konsistenz noch etwas Weizen-, Buchweizen- oder Vollsojamehl zugeben. Mit nassen Händen 8 Bratlinge formen, diese in einer Pfanne mit Kokosfett oder Butterschmalz braten. Besonders bei der Zubereitung großer Mengen von Bratlingen ist es vorteilhaft, diese auf einem mit Kokosfett oder Butterschmalz bestrichenen Blech im Ofen bei 200 °C (Ober- und Unterhitze) ca. 20 Minuten zu backen.

Getreide

Getreidepfanne

200	g	Getreide, ganze Körner, z. B. Weizen
½	Tl	Salz oder Kräutersalz
600	g	gemischtes Gemüse, z. B. Möhren, Sellerie, Lauch oder Pilze
2	El	Butter
		Gewürze, z. B. Muskat, Curry, Sojasauce
		frische gehackte Kräuter, z. B. Petersilie, Dill, Schnittlauch, Thymian

So wird's gemacht:
Getreidekörner in Wasser oder ungesalzener Gemüsebrühe (Menge nach Getreideart und Angaben der Tabelle auf Seite 41) garen. Gegen Ende der Garzeit Salz zufügen, Körner ausquellen lassen. Inzwischen das Gemüse waschen, putzen und klein schneiden. In Butter andünsten, evtl. wenig Wasser zufügen und fertig garen. Gegartes Gemüse mit Körnern mischen, Gewürze, frische, gehackte Kräuter zugeben, abschmecken und servieren.

Getreidesalat

150	g	Getreide, ganze Körner, z. B. Nacktgerste
250	g	Gemüse, z. B. Möhren, Gurken, Tomaten oder Paprikaschoten
100	g	Zwiebeln

für die Sauce:

1	El	Obstessig
½	Tl	Kräutersalz
		schwarzer Pfeffer
1	Tl	Senf
100	g	saure Sahne
2	El	Sonnenblumenöl oder Rapsöl, nativ, kalt gepresst
2-4	El	frische Kräuter, gehackt, z. B. Petersilie, Liebstöckel

So wird's gemacht:
Getreidekörner in Wasser oder ungesalzener Gemüsebrühe (Menge nach Getreideart und Angaben siehe Tabelle Seite 41) garen. Gegen Ende der Garzeit Kräutersalz zugeben, Körner ausquellen und abkühlen lassen. Inzwischen das Gemüse waschen und putzen. Die Saucenzutaten vermischen. Gemüse grob raspeln oder klein schneiden, Zwiebeln fein würfeln. Gemüse mit Getreidekörnern und Salatsauce mischen, abschmecken.

Joghurt und Kefir

Prickelnde Frische: Joghurt und Kefir selbst gemacht

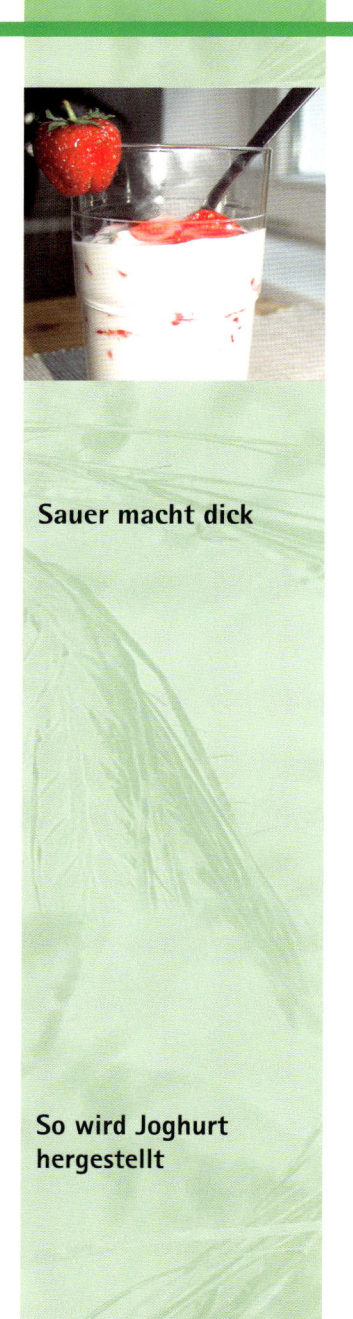

Die Erfindung von Joghurt beruht vermutlich auf einem Zufall: Vor etwa 4000 Jahren – so die Überlieferung – ließ ein Nomade im Mittleren Osten Milch zu lange in seiner Ziegenledertasche. Der neugierige Mann kostete die dicke Milch und stellte fest, dass sie köstlich frisch und angenehm sauer schmeckte. Im Laufe der Zeit hat sich das milchsaure Produkt aus dem Mittleren Osten fast in der ganzen Welt verbreitet. Ob im Müsli, in Saucen, als Getränk oder in Süßspeisen, milchsaure Produkte schmecken immer gut. Wer stets frischen Joghurt und Kefir im Haus haben will und gleichzeitig Geld sowie Verpackungsmaterial einsparen möchte, der stellt Joghurt oder Kefir am besten selbst her. Mit etwas Erfahrung und den richtigen Geräten ist dies ganz einfach.

Sauer macht dick

Das Prinzip der Joghurt- und Kefirherstellung ist sehr ähnlich: Mikroorganismen, die der Milch zugesetzt werden, verwandeln den Milchzucker in Milchsäure. Durch die Säure fällt ein Teil des in der Milch enthaltenen Eiweißes aus, und die Milch wird dick. Prinzipiell können zwei Arten von Milchsäure entstehen: die rechtsdrehende L(+)-Milchsäure und die linksdrehende D(-)-Milchsäure. Milchsäurebakterien bilden immer beide Säurearten. Je nach Bakterienzusammensetzung kann jedoch eine der beiden Varianten überwiegen. Während die L(+)-Milchsäure dem Milchprodukt einen mild-sauren Geschmack gibt, führt ein hoher Anteil an D(-)-Milchsäure zu einem säuerlicheren Aroma.

Der wesentliche Unterschied zwischen Joghurt und Kefir liegt in der Zusammensetzung der beteiligten Mikroorganismen. Während bei der Joghurtherstellung ausschließlich Milchsäurebakterien zum Einsatz kommen, sind an der Kefirentstehung neben den Milchsäurebakterien auch verschiedene Hefen beteiligt. Da sie mikrobiologisch zu den Pilzen gehören, spricht man auch vom Kefirpilz. Diese Mischung von Mikroorganismen produziert nicht nur Milchsäure, sondern auch Alkohol (0,1-1 %) sowie Kohlensäure, die dem Kefir die prickelnde Frische verleiht.

So wird Joghurt hergestellt

Um Joghurt selbst herzustellen, benötigen Sie außer der Milch und der Bakterienkultur nur noch eine Wärmequelle sowie geeignete Gefäße.
Prinzipiell lässt sich aus jeder Milch Joghurt erzeugen. Es spielt keine Rolle, ob sie unerhitzt, pasteurisiert oder homogenisiert ist. Auch Schafs- und Ziegenmilch ergeben schmackhaften Joghurt. Wenn Sie die Milch bis kurz vor dem Siedepunkt (90-95 °C) erhitzen und anschließend auf etwa 45 °C abkühlen, wird der Joghurt besonders gut. Mikroorganismen, die die Vergärung der Milch beeinflussen könnten, werden so abgetötet und die Milcheiweiße teilweise abgebaut, wodurch der Joghurt eine festere Konsistenz erhält. Die Temperatur der Milch ist am einfachsten mit einem Lebensmittelthermometer festzustellen. Mit etwas Erfahrung können Sie die richtige Abkühlungstemperatur aber auch mit dem Finger erfühlen. Sie sollte etwas über der Körpertemperatur liegen.

Damit die Milch sauer und dick wird, müssen Sie ihr eine Bakterienkultur als Starter zugeben. Hierfür eignen sich entweder ein Joghurt aus dem Handel oder spezielle Trockenkulturen, die es im Naturkostladen und Reformhaus aus herkömmlichen Milchsäurebakterien oder probiotischen Stämmen zu kaufen gibt. Preisgüns-

Autoren: Kathi Dittrich, Hildegard Klahm

Joghurt und Kefir

tiger ist es, einen Joghurt als Ansatz zu verwenden. Dafür eignet sich jeder Naturjoghurt, der ohne Zusatzstoffe wie Verdickungsmittel hergestellt wurde. Verrühren Sie den Starter – den Joghurt oder die Trockenkultur – gut mit der Milch, damit sich später keine Klümpchen bilden. Wenn Sie einmal einen guten Joghurt aus Eigenproduktion haben, können Sie diesen als Ansatz für die nächste Joghurtherstellung verwenden. In der Regel lässt sich dieser Vorgang 10-20 mal wiederholen. Wenn der Joghurt nicht mehr richtig fest wird oder leicht hefig schmeckt, sollten Sie die Milch mit einer frischen Kultur bzw. einem gekauften Joghurt ansetzen.

Für die Joghurtherstellung eignen sich am besten verschließbare Glasgefäße, z. B. alte Marmeladengläser. Verwenden Sie keine Metallgefäße, da die Milchsäure das Material angreifen kann. Wenn Sie keine großen Mengen Joghurt auf einmal verbrauchen, ist es sinnvoll, mehrere kleine Gläser zu benutzen. Denn nach Entnahme von Joghurt scheidet sich immer etwas Molke ab, wodurch das Milchprodukt nicht mehr so appetitlich aussieht.

Milchsäurebakterien lieben es warm

Damit sich die Joghurtkulturen vermehren können, benötigen sie eine warme Umgebung. Die Milchsäurebakterien sind bei Temperaturen zwischen 32 und 49 °C aktiv. Am besten gelingt Joghurt, wenn die Milch gleichbleibend bei etwa 45 °C gehalten wird. Um diese Bedingung zu schaffen, kommen mehrere Wärmequellen in Frage. Am einfachsten und genauesten ist die richtige Temperatur mit einem elektrischen Joghurtbereiter zu erreichen. Wegen der geringen Wärmeleistung verbrauchen die Geräte nur wenig Strom. Einige Joghurtbereiter sind mit einer Zeitschaltuhr ausgestattet. Dies ist besonders praktisch, wenn Sie nicht so häufig zu Hause sind. Elektrische Joghurtgeräte sind heute in jedem Haushaltswarengeschäft erhältlich. Passende Gläser, in die die Milch abgefüllt werden kann, werden gleich mitgeliefert.

Joghurtbereiter oder Kochkiste?

Es ist jedoch nicht unbedingt erforderlich, einen elektrischen Joghurtbereiter zu erwerben. Es gibt zahlreiche andere Möglichkeiten, die Wärme zu erzeugen bzw. zu halten. So eignen sich z. B. auch elektrische Backöfen, die eine extra einzuschaltende Backofenbeleuchtung haben, zur Joghurtherstellung. Die Backofenlampe erzeugt bei leicht geöffneter Tür meist genau die richtige Wärme für die Vermehrung der Milchsäurebakterien. Wenn die Milch vorher auf 45-49 °C erwärmt bzw. abgekühlt wird, kann auch eine gute Isolierung der Joghurtgefäße ausreichend sein. Hierfür eignen sich z. B. eine Kochkiste oder auch eine gute Thermoskanne, in die die Milch direkt eingefüllt wird. Der Nachteil bei diesen Wärmequellen ist, dass die Temperatur nicht ganz konstant gehalten werden kann, und der Joghurt schnell zu sauer oder nicht richtig fest wird.
Je nachdem wie hoch die Temperatur beim Bebrüten ist und welche Ausgangstemperatur die Milch hat, dauert es 6-12 Stunden bis der Joghurt fertig ist. Sobald der Joghurt die richtige Konsistenz hat, sollten Sie ihn abkühlen lassen und anschließend mehrere Stunden in den Kühlschrank stellen. Dabei dickt er noch etwas nach. Der fertige Joghurt kann bis zu 10 Tagen im Kühlschrank aufbewahrt werden.

Joghurt und Kefir

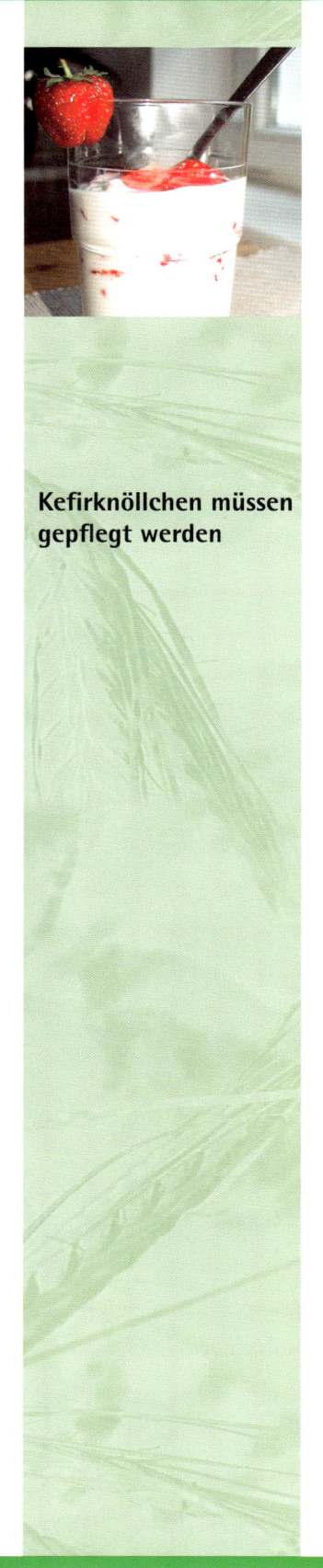

Kefir ist noch einfacher herzustellen als Joghurt, da sich die Kefirkulturen bereits bei Zimmertemperatur vermehren und so keine extra Wärmequelle benötigen. Kefir lässt sich wie Joghurt aus verschiedenen Milchsorten erzeugen. Er gelingt ebenfalls am besten, wenn die Milch vorher kurz auf ca. 90 °C erhitzt wird. Für die Kefirbereitung muss sie allerdings auf ca. 20-29 °C abgekühlt werden.

Kefirkulturen lassen sich als Trockensubstrat im Naturkost- und Reformwarenhandel beziehen. Viel verbreiteter sind jedoch die so genannten Kefirknöllchen. Diese lebenden Mikroorganismen werden von Hand zu Hand weitergegeben und manchmal auch über einen Aushang im Naturkostladen angeboten. Da die Kefirknöllchen ständig neu mit Milch angesetzt werden müssen, sind sie vor allem für Haushalte geeignet, die viel Kefir verbrauchen. Sinnvoll ist es daher auch, immer nur kleine Mengen an Kefir herzustellen, damit Sie mit dem Trinken hinterherkommen.

Kefirknöllchen müssen gepflegt werden

Für einen Viertel Liter Milch reicht eine etwa walnussgroße Menge an Kefirknöllchen aus. Die Knöllchen werden gemeinsam mit der etwa 25 °C warmen Milch in ein sauberes Glasgefäß gegeben und der Deckel locker aufgelegt. Wenn Sie eine Trockenkultur verwenden, verrühren Sie diese gut mit der Milch und geben sie ebenfalls in ein Glasgefäß. Stellen Sie die geimpfte Milch an einen warmen, dunklen Platz, z. B. in die Nähe der Heizung. Aber auch bei normaler Zimmertemperatur gelingt Kefir gut. Bei Temperaturen über 20 °C arbeiten die Mikroorganismen jedoch schneller als unter 20 °C. Je nach Temperatur dauert es 12-24 Stunden, bis der Kefir fertig ist. Die Milch sollte dann leicht angedickt sein und etwas prickeln. Jetzt muss die mit Kefirknöllchen versetzte Milch abgesiebt werden. Die aufgefangenen Knöllchen werden mit frischer Milch neu angesetzt. Kefir aus Trockenkultur kann direkt getrunken werden. Er eignet sich wie Joghurt auch zum Ansatz für neuen Kefir. Für einen Viertel Liter Milch benötigen Sie etwa 3 Esslöffel Kefir.

Nach der eigentlichen Gärung reift der Kefir noch nach. Probieren Sie selbst aus, wann er Ihnen am besten schmeckt. Am Anfang ist das Aroma mild prickelnd und später eher säuerlich. Der fertige Kefir kann bis zu 7 Tagen im Kühlschrank aufbewahrt werden.

Joghurt und Kefir

So gelingt's

Zutaten für die Joghurtherstellung

- 1 l Milch
- 100 g Joghurt oder
- 1 Pck. Joghurt-Trockenkultur

So wird Joghurt gemacht:

1. Die Milch bis kurz vor den Siedepunkt (auf etwa 90-95 °C) erhitzen und auf etwa 45 °C abkühlen lassen.
2. Den Joghurt oder die Trockenkultur gut mit der Milch verrühren und in verschließbare Glasgefäße geben.
3. Die Milch bei einer Temperatur von 40-45 °C ca. 6-12 Stunden lang bebrüten.
4. Der Joghurt ist fertig, wenn er fest geworden ist. Danach sollte er kurz abkühlen und anschließend in den Kühlschrank gestellt werden. Während der Abkühlung dickt der Joghurt noch nach.
5. Der Joghurt hält sich im Kühlschrank bis zu 10 Tagen. Bewahren Sie etwa 100 g Joghurt als Ansatz für die nächste Joghurtherstellung auf.

Was tun, wenn der Joghurt nicht gelingt?

- **Der Joghurt wird nicht dick**
  Wenn der Joghurt auch nach längerer Bebrütung nur dickflüssig wird, ist meist die Temperatur zu niedrig. Oft hat sich dann auch nicht ausreichend Säure gebildet. Bei Temperaturen über 50 °C werden die Mikroorganismen inaktiv und der Joghurt wird ebenfalls nicht fest. Die Bebrütungstemperatur sollte mindestens 35 °C und höchstens 49 °C betragen.

- **Der Joghurt schmeckt hefig**
  Geschmacksfehler können auftreten, wenn eine Joghurtkultur zu häufig wieder verwendet wird oder zu alt ist. Die Bakterien können dann mit Hefen infiziert worden sein. Meist wird der Joghurt dann ebenfalls nicht richtig fest. Verwenden Sie in diesem Fall eine neue Kultur.

- **Der Joghurt schmeckt zu sauer**
  Ein zu saures Aroma kommt meist dadurch zustande, dass die Bebrütungstemperatur zu hoch war. Über 50 °C sind nur noch wenige Milchsäurebakterien sowie Essigsäurebakterien aktiv. Auch ein zu langes Bebrüten kann zu einem sauren Geschmack führen. Achten Sie auf die richtige Bebrütungstemperatur und -zeit.

- **Molke scheidet sich ab**
  Molkeabscheidungen treten dann auf, wenn der Joghurt zu lange bebrütet oder wenn er währenddessen Erschütterungen ausgesetzt wurde, z. B. auf dem Kühlschrank. Reduzieren Sie Ihre Bebrütungszeit bzw. stellen Sie den Joghurt an einen ruhigen Platz.

Joghurt und Kefir

Zutaten für die Kefirherstellung:
- 0,5 l Milch
- 1 etwa walnussgroßes Stück Kefirknöllchen oder
- ½ Pck. Kefir-Trockenkultur

So wird Kefir gemacht:
1. Die Milch bis kurz vor den Siedepunkt (auf etwa 90-95 °C) erhitzen und auf 29 °C bzw. Zimmertemperatur abkühlen lassen.
2. Die Milch in ein größeres, verschließbares Glas- oder Plastikgefäß gießen und die Kefirknöllchen bzw. die Trockenkultur dazugeben.
3. Das Glas abdecken und bei Raumtemperatur an einen dunklen Platz stellen.
4. Die Milch etwa 12-24 Stunden lang gären lassen.
5. a) Kefir aus Kefirknöllchen:
   Den Kefir gut durchrühren, über ein Sieb abgießen und die Kefirknöllchen auffangen. Die Kefirknöllchen erneut mit Milch ansetzen. Einmal pro Woche sollten die Knöllchen mit lauwarmem Wasser abgewaschen werden.
   b) Kefir aus Trockenkulturen:
   Der Kefir ist direkt verzehrsfertig. Er kann wie Joghurt als Ansatz für neuen Kefir verwendet werden. Pro 0,5 l Milch benötigen Sie dafür etwa 2 El Kefir.
6. Kefir lässt sich im Kühlschrank bis zu 7 Tagen aufbewahren.

So pflegen Sie Ihre Kefirknöllchen:
Die Kefirknöllchen bestehen aus einer Mischung von Hefen und Milchsäurebakterien. Damit sie aktiv bleiben und nicht durch Fremdkeime verunreinigt werden, müssen sie regelmäßig genährt und gepflegt werden.

Kefirknöllchen können ohne Milch in klarem Wasser nur kurze Zeit aufbewahrt werden. Nach 2-3 Tagen zersetzen sie sich und werden ungenießbar. Am besten ist es, wenn Sie die Kefirknöllchen immer wieder direkt mit Milch ansetzen. Einmal pro Woche sollten die Kefirknöllchen mit lauwarmem Wasser über einem Sieb abgespült werden.

Die Kefirknöllchen vermehren sich schnell: Innerhalb von 3-4 Wochen wachsen sie auf die doppelte Größe an. Teilen Sie dann die Kefirknöllchen und geben Sie die Hälfte an interessierte Personen weiter oder entsorgen Sie sie in der Biotonne. Wenn Sie einmal längere Zeit keinen Kefir herstellen möchten, können Sie die Knöllchen auch in angewärmter Milch einfrieren. Tauen Sie die Masse langsam auf, schütten Sie dann die Milch weg, und spülen Sie die Knöllchen mit lauwarmem Wasser ab. Dann können sie erneut mit Milch angesetzt werden.

Pikanter Hefeteig

Aus dem eigenen Ofen: Pikantes aus Hefeteig

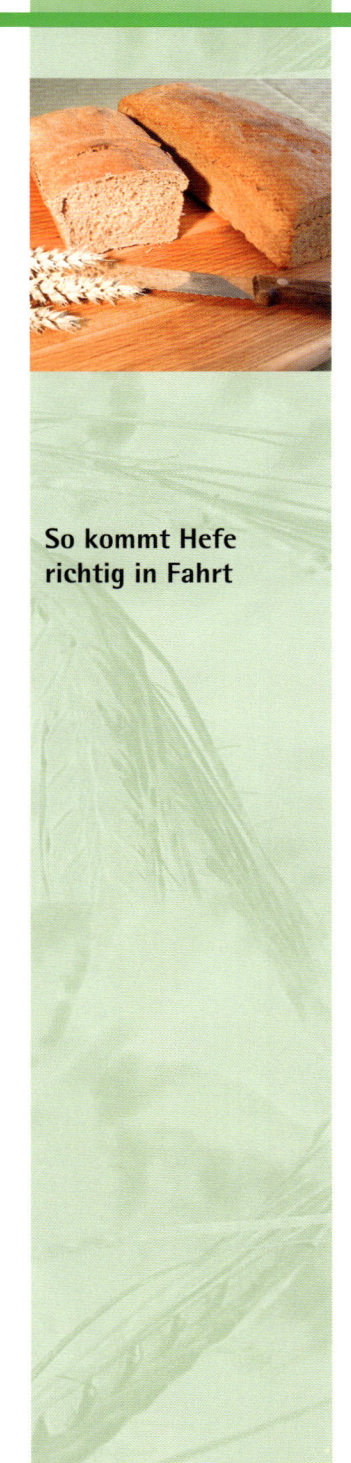

Nur vier Zutaten sind nötig, um einen einfachen Hefeteig herzustellen: Getreide, Wasser, Hefe und ein wenig Salz.
Hier erfahren Sie, wie einfach Hefebrote und -brötchen auch zu Hause herzustellen sind und worauf Sie bei der Teigbereitung achten sollten.

Am besten eignen sich Weizen und Dinkel für die Zubereitung. Sie sollten etwa zwei Drittel der Gesamtmehlmenge ausmachen; ein Drittel kann auch von anderen Getreidearten kommen. Nur Weizen und Dinkel enthalten ausreichend viel Klebereiweiß, das für die Lockerung des Hefeteiges unentbehrlich ist. Besonders für Brötchen ist es erforderlich, das Getreide möglichst fein zu mahlen – bei Brot kann auch einmal bis zur Hälfte des Getreides gröber geschrotet werden.

So kommt Hefe richtig in Fahrt

Es gibt verschiedene Arten von Hefen. Für die Teigbereitung wird die so genannte Bäckerhefe verwendet. Sie bewirkt eine schnelle und intensive Teiglockerung. In einem Gramm Hefe sind rund 10 Milliarden einzellige Sprosspilze der Gattung Saccharomyces enthalten.

Bei 22-28 °C vermehren sie sich besonders stark, während bei Temperaturen um 35 °C mehr die alkoholische Gärung – also die Triebwirkung – im Vordergrund steht. Im Haushalt ist dieser Unterschied nicht so entscheidend. Wichtiger hingegen ist zu wissen, dass mit der Temperatur die Aktivität der Hefezellen und somit die Gehzeit des Teiges stark beeinflusst werden kann. Am schnellsten geht der Teig bei etwa 35 °C auf – je kühler es wird, desto langsamer arbeitet die Hefe und umso länger muss die Teigruhe sein (im Kühlschrank auch einmal über Nacht). Unter dem Gefrierpunkt stellen die Hefepilze ihre Tätigkeit vorübergehend ganz ein, während sie ganz empfindlich reagieren und absterben, wenn es ihnen zu heiß wird (über 55 °C).

Sobald den Hefen Nahrung (Stärke aus dem Getreide) und Feuchtigkeit zur Verfügung stehen, beginnen sie mit ihrer Arbeit: getreideeigene Enzyme und solche aus der Hefe bauen zunächst die Getreidestärke zu Traubenzucker ab.
Traubenzucker wiederum wird im Stoffwechsel der Hefezellen einer alkoholischen Gärung unterzogen. Endprodukte dabei sind Alkohol und Kohlendioxid, welches die Teiglockerung bewirkt. Unterstützt wird die Lockerung des Teiges durch Alkohol und Wasser, die während des Backens verdampfen.

30-40 g Frischhefe reichen für die Lockerung von 1 kg Vollkornmehl vollkommen aus. Sie können natürlich auch die entsprechende Menge Trockenhefe verwenden.
Vorsicht: durch zu viel Hefe kann das Brot oder Gebäck einen unangenehm hefigen Geschmack bekommen. Das Gleiche kann auch bei zu langen Gehzeiten passieren.

Autor:
Georg Berger

Pikanter Hefeteig

Lösen Sie zuerst die Hefe in lauwarmem Wasser auf, geben dann Salz zu und rühren das Mehl mit den Brotgewürzen wie Anis, Fenchel, Koriander und Kümmel ein. Anschließend wird das Fett – Butter oder Öl – in den Teig eingearbeitet.
Überprüfen Sie jetzt noch die Feuchtigkeit des Teiges und geben bei Bedarf etwas Streumehl oder Wasser hinzu. Wichtig ist, Vollkornbrotteige immer etwas feuchter zu halten als solche aus Auszugsmehl. Die Kleie bindet nämlich viel mehr Wasser und das Brot geht sonst nicht so gut auf und schmeckt trocken.
Den richtigen Feuchtigkeitsgehalt hat der Teig, wenn er möglichst weich ist, aber die Form noch halten kann.

Der Kleber hält das Gebäck zusammen

Durch kräftiges Kneten bildet sich das Klebergerüst im Teig aus. Kleber besteht aus Eiweißen und zwar hauptsächlich aus Glutenin. Während der mechanischen Bearbeitung des Teiges (Kneten) baut sich daraus zusammen mit Gliadin, anderen Eiweißen und Mineralstoffen das Klebergerüst auf. Auch das dem Teig zugesetzte Salz begünstigt den Kleberaufbau.
Es hat eine zähe, luftundurchlässige Konsistenz und ist so in der Lage, die bei der alkoholischen Gärung entstehenden Gase als Gärbläschen im Teig zu halten.
Auf diese Weise vermehrt sich das Volumen des Teiges.

Vom richtigen Kneten

Eine Knetzeit von 10 Minuten reicht in der Regel aus. Zu langes Kneten (über 15 Minuten) kann sich ungünstig auswirken, wenn dabei der Kleber überstrapaziert wird. Der Teig wird dann immer weicher und verliert an Spannung. Achten Sie beim Kneten darauf, nicht zu viel Streumehl einzuarbeiten, da der Teig sonst zu trocken wird. Das gelingt am besten, wenn der Teigschluss immer oben ist und nur die Teighaut mit der Arbeitsfläche in Berührung kommt.
Dadurch bekommt der Teig eine gleichmäßige Struktur und hält die Form besser. Notfalls den Feuchtigkeitsgehalt mit etwas Wasser ausgleichen.
Übrigens: Die Knetarbeit können Sie getrost Ihrer Küchenmaschine anvertrauen, wenn sie für solche Kraftakte geeignet ist. Dann aber langsam – nicht bei voller Geschwindigkeit – kneten lassen.

Gehen lassen und formen

Der gut geknetete Teig kann nun ruhen, bis sich sein Volumen verdoppelt hat und sich Poren an der Oberfläche bilden (Grundgare). Decken Sie ihn dabei zu, damit die Oberfläche nicht austrocknen kann.
Anschließend wird noch einmal kurz und kräftig durchgeknetet, um die Gärgase aus dem Teig zu drücken. Dadurch wird erreicht, dass im Brot eine feine und gleichmäßige Porung entsteht.

Das klassische Brotgewürz

Es besteht aus einem Teil Anis und je drei Teilen Fenchel, Koriander und Kümmel. Pro kg Vollkornmehl werden bis zu sechs Esslöffel davon verwendet. Vorteilhaft ist es, die Brotgewürze zusammen mit dem Getreide vor dem Backen frisch zu mahlen. Auch mit Trockenkräutern können Sie so verfahren.

Pikanter Hefeteig

Jetzt wird der Teig portioniert und geformt. Legen Sie ihn anschließend auf ein mit Backpapier ausgelegtes Backblech oder ungeformt in eine mit ungehärtetem Kokosfett oder Butterschmalz ausgefettete Kastenform. Sie können nun das Brot oder die Brötchen noch mit Wasser, Milch oder Buttermilch bestreichen und nach Belieben mit Ölsaaten, gehackten Nüssen oder Gewürzen bestreuen bzw. das Gebäck in eine Schale mit diesen Zutaten tunken.

Der geformte Teig sollte noch einmal zugedeckt aufgehen, bis sich sein Volumen etwa um ein Drittel erhöht hat und sich Poren an der Oberfläche bilden (Stückgare). Das ist nach ungefähr 10-20 Minuten der Fall, wobei kleine Gebäckstücke merkbar länger brauchen als große. Zimmertemperatur ist zum Gehen des Brotteiges ausreichend.

Gekonnt Backen

Den Backofen können Sie inzwischen auf etwa 220 °C (Ober- und Unterhitze) vorheizen, und ein Gefäß mit kochendem Wasser hineinstellen oder die Dampfautomatik einschalten. Nach der Stückgare kommen die Teiglinge in den Ofen. Durch den Wasserdampf verkleistern die Oberflächen schneller, die Kruste bleibt aber gleichzeitig länger weich, und das Brot kann dadurch mehr aufgehen. Außerdem wird verhindert, dass das Brot beim Backen zu sehr austrocknet.

Schalten Sie die Temperatur nach 15-20 Minuten Backzeit auf etwa 180 °C zurück, nehmen Sie die Schale mit dem Wasser aus dem Ofen und backen das Brot so fertig. Sicher gar ist es, wenn es beim Klopfen auf die Unter- oder Oberseite hohl klingt (Klopfprobe).

Das ist bei kleinen Brötchen nach etwa 15-20 Minuten und bei einem größeren Laib Brot aus 500 g Mehl nach etwa 40 Minuten Gesamtbackzeit der Fall.
Dünne Fladenbrote können mit Deckel auch in der Pfanne gebacken werden. Dabei sollte das Brot aber mehrmals gewendet und bei niedrigen Temperaturen gebacken werden.

Würze und Verzierung

Der Grundteig (Seite 52) kann vielfältig variiert und ergänzt werden. Zum Beispiel, indem Gewürze, Kräuter, Keimlinge, eingeweichte Körner, gedünstete Zwiebelwürfel oder geriebener Hartkäse eingearbeitet werden. Auch Ölsaaten, Samen und Nüsse können Sie beimengen (z. B. Sesam oder Sonnenblumenkerne). Dann sollten Sie dafür die entsprechende Menge Mehl weglassen, mehr Flüssigkeit berechnen oder die Trockenzutaten vorher einweichen.

Insgesamt empfiehlt es sich, nicht mehr als 10-20 % der Gesamtmehlmenge an anderen Zutaten zuzugeben, weil der Teig sonst zu schwer wird.

Geschmacklich besonders interessante Varianten entstehen, wenn Sie Wasser ganz oder teilweise durch Buttermilch oder andere Milchprodukte ersetzen oder z. B. Gemüsebrühe für ein Kräuterbrot verwenden. In die Flüssigkeit kann auch ein Ei eingerührt werden.

Dem Brotteig kann vor dem Kneten weiche oder flüssige Butter oder natives, kalt gepresstes Öl beigemengt werden (bis zu 100 g pro kg Mehl). Dadurch schmeckt das Backwerk noch besser – ist dann aber auch gehaltvoller!

Pikanter Hefeteig

So gelingt's

Das Grundrezept
Für ein Brot oder 12–16 Vollkornbrötchen

20 g	Hefe
350 g	Wasser
10 g	Salz (ca. 1½ Tl)
500 g	Weizen, gemahlen
	evtl. Kokosfett (ungehärtet) oder Butterschmalz für das Backblech

So entsteht ein leckeres Brot:

1. Getreide mahlen.
2. Hefe in lauwarmer Flüssigkeit glatt rühren.
3. Restliche Flüssigkeit und Salz dazugeben.
4. Vollkornmehl, Gewürze, Ölsaaten, Nüsse dazugeben und alles gut vermischen. Falls im Rezept angegeben, weiche Butter oder Öl einarbeiten.
5. Feuchtigkeitsgehalt überprüfen und gegebenenfalls mit etwas Streumehl oder Flüssigkeit korrigieren.
6. Etwa 10 Minuten kräftig kneten.
7. Zugedeckt aufgehen lassen, bis sich das Volumen verdoppelt hat und sich Poren an der Oberfläche zeigen (Grundgare).
8. Noch einmal kurz durchkneten, bis die Gärgase aus dem Teig gedrückt sind.
9. Teig portionieren, formen und auf ein mit Backpapier ausgelegtes Backblech legen oder in eine gefettete Kastenform füllen und glatt streichen.
10. Zugedeckt noch einmal aufgehen lassen, bis sich das Volumen um ein Drittel erhöht hat und sich Poren an der Oberfläche bilden (Stückgare). Der Teig geht im Backofen zusätzlich noch ein wenig auf (Backofentrieb). Kalkulieren Sie das mit ein, sonst kann der Teig evtl. übergehen und auseinander fließen.
11. Backofen auf 220 °C (Ober- und Unterhitze) vorheizen. Ein Gefäß mit kochendem Wasser in den Backofen stellen oder während des Backens Dampfschwaden geben.
12. Im vorgeheizten Backofen backen:
    Brötchen etwa 15–20 Minuten bei 220 °C (Ober- und Unterhitze).
    Brote etwa 20 Minuten bei 220 °C (Ober- und Unterhitze) und anschließend 20–40 Minuten bei 180 °C.
13. Klopfprobe: Fertig gebacken ist das Brot, wenn es beim Klopfen auf die Unter- oder Oberseite hohl klingt.

Ein Tipp für Knetfaule

Hefe und Knetarbeit sparen Sie, wenn Sie abends Hefeteig aus 1 kg Vollkornmehl mit nur 5 g Hefe zubereiten. Dazu die Zutaten zusammenmischen und ohne zu kneten über Nacht im Kühlschrank gehen lassen, am nächsten Morgen 2–3 Minuten kräftig durchkneten, beliebig formen, aufgehen lassen und wie gewohnt backen.

Pikanter Hefeteig

Brot und Brötchen – immer wieder anders
- **Zwiebelbrot mit Kräutern** aus 350 g Weizen und 150 g Roggen mit 1 El Brotgewürz, 150 g Zwiebelwürfel – in Butter angedünstet – und 2-3 El gehackten, frischen Gartenkräutern.
- **Dinkelbrot mit Walnüssen** aus je 250 g Dinkel und Weizen mit halb Buttermilch, halb Wasser und 50-100 g gehackten Walnüssen.
- **Sprossenbrot** aus dem Grundrezept, ergänzt durch je 50 g Roggen-, Weizen- und Mungobohnenkeimlinge.
- **Käsebrötchen** aus dem Grundrezept, ergänzt durch 150 g fein geriebenen Emmentaler, Gouda oder ähnlichen Käse und je 1 El Paprikapulver und Kümmel. Geformte Brötchen mit geriebenem Käse bestreuen.
- **Sonnenblumenbrot** aus dem Grundrezept mit etwas mehr Wasser und 100 g Sonnenblumenkernen.
- **Gewürzbrot** aus 350 g Weizen, je 75 g Gerste und Roggen, mit Buttermilch statt Wasser und je 1 Tl frisch geriebenen Ingwer, Koriander, Kümmel und Fenchel und 50 g Sesam, bestreut mit Mohn oder Sesam.
- **Grünkernbrot mit Kürbiskernen** aus 350 g Weizen, 150 g Grünkern, 50 g grob gehackten Kürbiskernen und 3 El nativem, kalt gepresstem Kürbiskernöl.

Knusprige Sonntagsbrötchen
Knusprige, fast frische Brötchen zum Frühstück gibt es, wenn Sie diese am Vorabend wie gewohnt zubereiten, aber nur halb fertig backen (bei ca. 200-220 °C etwa 10 Minuten) und anschließend mit Wasser bepinseln. Am nächsten Morgen werden die Brötchen noch einmal mit Wasser bepinselt und fertig gebacken (bei 200-220 °C etwa 10-15 Minuten). Solche halbgebackenen Brötchen eignen sich auch gut zum Tiefgefrieren.

Pizzateig
Für 4 Pizzen oder ein Backblech einen Teig aus 20 g Hefe, 350 g Weizen, 200 g Wasser, 1 Ei, 1 Tl Salz, ½ Tl Brotgewürz und 50 g Olivenöl zubereiten. Den ausgerollten Teig belegen und ohne oder mit kurzer Stückgare (5-10 Minuten) mit möglichst starker Unterhitze bei 220 °C ca. 10 Minuten ohne Wasserdampf backen. Das Ei können Sie auch weglassen, verwenden Sie dann aber 50 ml mehr Wasser.

Süßer Hefeteig

Schmeckt frisch am besten: süßer Hefeteig

Saftige Blechkuchen, süße Hefeschnecken, gefüllte Zöpfe und Rosinenbrötchen – aus süßem Hefeteig lassen sich viele leckere Sachen backen. Mit den richtigen Zubereitungstipps ist er ganz einfach herzustellen und wird garantiert schön locker.

Ein süßer Hefeteig besteht aus Getreide, Milch, Honig, Eiern, Fett, Hefe, Gewürzen und einer Prise Salz. Ein hoher Kleberanteil im Getreide ist von entscheidender Bedeutung für den Backerfolg. Deshalb sollten mindestens zwei Drittel der Gesamtmehlmenge aus Weizen, Dinkel oder anderen kleberreichen, verwandten Getreidearten bestehen. Außerdem ist es günstig, das Getreide so fein wie möglich zu mahlen, um eine feine, lockere Gebäckstruktur zu erreichen.

Flüssigkeit

Als Flüssigkeit für den süßen Hefeteig wird üblicherweise Milch verwendet. Der darin enthaltene Milchzucker verleiht dem Teig bereits eine süßliche Note. Außerdem macht das Milchfett den Teig geschmeidiger und durch das Milcheiweiß entsteht, ebenso wie durch Ei und Honig, eine ansehnliche und gleichmäßige Bräunung im Gebäck. Es ist jedoch auch ohne weiteres möglich, süßen Hefeteig mit verdünnter oder ganz ohne Milch – nur mit Wasser oder (Apfel-)Saft – herzustellen.

Süßungsmittel

Als Süßungsmittel ist Honig sehr gut geeignet. Es kommen aber auch andere süße Zutaten, wie eingeweichte oder pürierte Trockenfrüchte, Obstdicksäfte oder Vollrohrzucker in Frage. Zerdrückte Bananen mit etwas Zitronensaft verrührt eignen sich ebenfalls: 100-150 g Bananen reichen für einen Teig aus 500 g Vollkornmehl aus. Das Gebäck sollte nur leicht süß schmecken – deshalb die eingesetzten Süßungsmittel sparsam verwenden.

Locker und saftig durch Eier und Fett

Eier und Fett dienen hauptsächlich zur Verfeinerung der Gebäckstruktur und des Geschmacks. Das in den Eiern enthaltene Lecithin – ein Emulgator – macht den Teig besonders locker. Fett aus den Eiern und/oder Butter bzw. Öl wirkt sich positiv auf den Geschmack aus. Außerdem halten sich Hefebackwaren mit Fettzugabe länger frisch und bleiben saftiger. Wir empfehlen jedoch nicht mehr als zwei Eier und 100 g Fett pro kg Mehl beizugeben. Die Eier können auch ganz weggelassen werden, dann sollten Sie jedoch die Buttermenge etwas erhöhen.

Triebmittel: Hefe

Als biologisches Triebmittel dient die so genannte Bäckerhefe. Für 1 kg Vollkornmehl wird ca. 30 bis 40 g davon benötigt. Nur für sehr schwere Teige (Quarkstollen) kann es von Vorteil sein, bis zu 60 g Hefe zu verarbeiten. Hefepilze sind sehr empfindlich gegen Überhitzung und sollten deshalb nie über 55 °C erwärmt werden.
An Gewürzen passen eigentlich alle, die auch sonst für süße Speisen verwendet werden (Zitronenschale, Orangenschale, Naturvanille, Zimt, Ingwer).
Zur Geschmacksabrundung sollte eine Prise Salz auch beim süßen Hefeteig nie fehlen.

Autoren:
Stephan Kuhlmann,
Georg Berger

Süßer Hefeteig

Die Zubereitung eines süßen Hefeteiges ähnelt der von Hefebrot in vielen Punkten. Grundsätzliches dazu können Sie beim pikanten Hefeteig nachlesen. Hier und im Praxisteil (Seite 57) erfahren Sie, was speziell bei der süßen Hefeteigvariante wichtig ist. Für Hefeteigkleingebäck kann – anders als bei Brot – zusätzlich eine zweite Grundgare durchgeführt werden. Dadurch erreichen Sie eine besonders feine Struktur im Gebäck. Kneten Sie den Teig nach der Grundgare kurz und kräftig durch und lassen ihn dann noch einmal zugedeckt gehen, bis sich sein Volumen erneut verdoppelt hat und sich wieder Poren an der Oberfläche bilden. Anschließend wieder kurz und kräftig durchkneten. Durch die verlängerte Gehzeit entstehen günstige geschmackliche Veränderungen: Ein vermehrter Stärkeabbau durch die Hefe verstärkt den süßen Geschmack, es entsteht mehr Alkohol, die Hefe vermehrt sich stärker.

Backen Sie Gebäck aus süßem Hefeteig im vorgeheizten Backofen bei 180 °C (Ober- und Unterhitze) und stellen Sie ein Gefäß mit kochendem Wasser hinein. Schalten Sie nach 15-20 Minuten Backzeit die Temperatur eventuell auf 160 bis 170 °C zurück und backen das Gebäck fertig. Das ist bei kleinen Teilchen nach 15-20 Minuten und bei einem größeren Zopf aus 500 g Vollkornmehl nach 40-50 Minuten der Fall.

Auf dem Blech, in der Form oder im Topf

Auf dem Backblech – mit ungehärtetem Kokosfett bzw. Butterschmalz gefettet oder mit Backpapier ausgelegt – werden Gebäckstücke wie Hefezopf, Hefekranz, Stollen, Bienenstich, Hefeblechkuchen mit z. B. Obst- oder Quarkbelag und auch Teilchen wie Rosinenbrötchen, Schnecken, Taschen u. a. m. gebacken. Die Vorgehensweise bei der Verwendung von Backformen ist entsprechend. In Backformen werden z. B. Rosettenkuchen, Kranzkuchen, Hefegugelhupf, Savarins (kleine Ringe in der Form gebacken, die nachher mit Fruchtsaft und Alkohol getränkt werden) oder Buchteln (dicht nebeneinander gesetzte, eventuell gefüllte Teigkugeln) gebacken. Dampfnudeln garen Sie am besten in einer Auflaufform. Sie werden vor dem Backen mit etwas warmer Milch begossen und zugedeckt gebacken. Durch den entstehenden Dampf bräunen sie kaum und es entsteht auch keine Kruste.
Für Hefeteigklöße werden kleine Teigstücke mit z. B. Marmelade gefüllt und gedämpft oder in leicht gesalzenem Wasser bei geschlossenem Deckel gekocht. Auf dem Teller gießt man traditionell etwas geschmolzene Butter darüber und streut fein gemahlenen Mohn darauf.

Wann ist das Gebäck fertig?

Auf dem Blech gebackenes Hefegebäck ist sicher gar, wenn es beim Klopfen auf die Unter- oder Oberseite hohl klingt (Klopfprobe). Hefeteig, der gekocht oder mit Dampf gegart wurde, ist dann gar, wenn an einem trockenen Holzstäbchen, das man in das Gebäck sticht, kein Teig kleben bleibt (Stäbchenprobe).

Süßer Hefeteig

Backen auch ohne Backofen

Süßer Hefeteig eignet sich auch zum Backen in der Pfanne. Dazu wird der Teig etwas feuchter gehalten und in der leicht gefetteten Pfanne bei geringer bis mittlerer Hitze gebacken. So entstehen z. B. pfannkuchenähnliche knusprige Fladen. Ebenso können Sie Waffeln aus süßem Hefeteig herstellen – das Waffeleisen ersetzt dabei die Pfanne.

Hefekleingebäck kann auch in ungehärtetem Fett ausgebacken werden. Für Berliner bzw. Kräppel oder Krapfen werden Teigkugeln nach dem Gehen in das heiße Fett gelegt, nach der halben Garzeit gewendet, fertig gebacken und gut abgetropft. Nach dem Backen können die Berliner mit Hilfe eines Spritzbeutels und einer langen, dünnen Tülle mit Marmelade gefüllt werden. Für Fettgebackenes sollte dem Teig etwas Alkohol (z. B. Rum) zugegeben werden, damit er nicht so viel Fett aufnimmt.

Lieben Sie Abwechslung?

Schon die Zutaten für den Grundteig können sehr vielfältig variiert werden. Probieren Sie aus, wie süßer Hefeteig schmeckt, wenn die Milch durch Buttermilch, Sauermilch oder gar ein Teil durch verdünnten Fruchtsaft oder Weizen zu 10-15 % durch Grünkern oder gemahlenen Sesam ersetzt wird.

Die unterschiedlichsten Zutaten können in den Teig eingearbeitet werden: Grob oder fein gemahlene Nüsse, Ölsaaten, Trockenfrüchte, aber auch Keimlinge. Bei der Zugabe trockener Zutaten ist zu beachten, dass sie noch Feuchtigkeit zum Aufquellen benötigen. Damit der Teig dann nicht zu trocken wird, sollte die Mehlmenge um den gleichen Betrag reduziert oder mehr Flüssigkeit zugegeben werden. Wenn Sie die Trockenzutaten vorher in Wasser oder in Fruchtsaft einweichen, erreichen Sie den gleichen Effekt. Insgesamt sollten nicht mehr als 10 bis 15 % der Gesamtmehlmenge an trockenen Zutaten beigemengt werden. Für Stollen wird oft zum Grundteig neben Trockenfrüchten und Nüssen, Quark zugegeben. Bei Quarkmengen bis 300 g pro kg Vollkornmehl brauchen Sie die anderen Zutatenmengen nicht verändern.

Zwei Varianten: Plunder- und Beugelteig

Plunderteig ist eine Variante, bei der in den Grundteig ein Fettziegel – ähnlich wie beim Blätterteig – schichtweise eingearbeitet wird. So hergestelltes Gebäck wird besonders locker und saftig, sollte jedoch wegen des hohen Fettgehalts nur in geringen Mengen verzehrt werden.
Beugelteig ist ein kalt verarbeiteter Grundteig mit geringem Flüssigkeitsanteil (150-250 ml pro 500 g Vollkornmehl), der ähnlich wie Mürbeteig weiterverarbeitet wird und auch mürbe schmeckt.

Aus dem fertigen Teig entstehen viele Varianten, nicht nur durch unterschiedliches Formen und Garen. Zöpfe, Schnecken, Buchteln, Rosettenkuchen unterscheiden sich oft durch die Füllung. Quark, Nüsse, Mohn, Trockenfrüchte, Marmeladen und Mischungen daraus sind als Grundlage genauso üblich wie frische Früchte. Letztere werden gerne auch als Belag für köstliche Blechkuchen aus Hefeteig verwendet, z. B. Aprikosen-, Pflaumen-, Kirschkuchen.

Süßer Hefeteig

So gelingt's

Das Grundrezept
300	ml	Milch
20	g	Hefe
50	g	Honig
1		Ei
1	Pr.	Salz
500	g	Weizen, fein gemahlen
50	g	Butter, weich
		Kokosfett (ungehärtet), Butterschmalz oder Backpapier für das Blech

Schritt für Schritt zum Hefekuchen
1. Getreide möglichst fein mahlen.
2. Hefe in etwas lauwarmer Milch auflösen, restliche lauwarme Milch, Ei, Honig und eine Prise Salz dazumischen.
3. Vollkornmehl zugeben und gut verrühren.
4. Weiche Butter einarbeiten. Feuchtigkeitsgehalt des Teiges überprüfen und – falls nötig – mit etwas Flüssigkeit oder Vollkornmehl ausgleichen.
   Sie können die Butter aber auch erst nach der Grundgare einarbeiten. Der Teig ist dann leichter und geht schneller auf.
5. Etwa 10 Minuten kräftig kneten.
6. Grundgare: Zugedeckt gehen lassen, bis sich das Volumen etwa verdoppelt hat und sich Poren an der Oberfläche bilden (etwa 30 Minuten).
7. Noch einmal kurz und kräftig durchkneten, damit die Gärgase aus dem Teig entweichen.
8. Eventuell Punkt 6 und 7 wiederholen (2. Grundgare).
9. Teig portionieren, evtl. füllen, formen und mit Milch oder Wasser bestreichen.
10. Stückgare: Zugedeckt gehen lassen, bis sich das Volumen um etwa ein Drittel vergrößert hat und sich Poren an der Oberfläche bilden (15-30 Minuten).
11. Backofen auf 180 °C (Ober- und Unterhitze) vorheizen und ein Schälchen mit kochendem Wasser in den Ofen stellen.
12. Die gegangenen Teiglinge in den vorgeheizten Ofen schieben.
13. Nach 15-20 Minuten die Temperatur etwas zurückschalten, die Schale mit dem Wasser aus dem Ofen nehmen und fertig backen.

Wie viel Teig für welchen Kuchen?
Das Grundrezept reicht aus zur Zubereitung von 10-16 Dampfnudeln oder Hefeteigklößchen, 16 Buchteln, 12-16 Teilchen, einen Gugelhupf in einer Form von ca. 2,5 l Inhalt oder einem dicken Boden für einen Blechkuchen.
Wenn Sie den Blechkuchenboden eher dünn lieben, dann verarbeiten Sie die Menge von 1½ Grundrezepten für zwei Backbleche.

Süßer Hefeteig

Hefeteig in vielen Varianten

- **Gefüllte Hefeteigrolle:** Den Teig nach dem Grundrezept zubereiten, ca. 1 cm dick ausrollen, mit Füllung belegen, zusammenrollen, Oberfläche mit Eimilch bestreichen, aufgehen lassen und backen.
- Für einen **Rosettenkuchen** die gefüllten Rolle in 3-4 cm dicke Scheiben schneiden und mit der Schnittfläche nach oben in eine Springform gesetzt.
- Für **Schnecken** werden von der Rolle ca. 1 cm dicke Scheiben abgeschnitten und einzeln auf ein gefettetes Backblech gesetzt.
- Für einen **Obst-Blechkuchen** wird der Teig nach dem Grundrezept auf einem Backblech ausgerollt und mit Obst dicht belegt. Eventuell noch mit Wasser verdünnten Honig, Marmelade oder saure Sahne darauf streichen.
- **Bienenstich:** Teig auf einem Blech ausrollen, mit Gemisch aus 250 g Mandelsplittern, 50 g Butter, 100 g Honig und ¼ Tl Vanille (alles erhitzt) bestreichen.

Das schmeckt als Füllung für Hefeteige

Nuss- oder Mohnfüllung

150	ml	Milch
50	g	Butter
100	g	Honig
2	Tl	Orangen- oder Zitronenschale, abgerieben
1	Pr.	Salz
1	Tl	Zimt
40	ml	Rum (evtl.)
50	ml	Orangen- oder Zitronensaft
250	g	Nüsse oder Mohn, gemahlen

So wird's gemacht:
Milch, Butter und Honig leicht erwärmen, die anderen Zutaten einrühren, quellen lassen und abschmecken. Damit der Mohn nicht bitter schmeckt, sollte er in die kochende Milch gerührt, kurz aufgekocht und die anderen Zutaten erst anschließend eingerührt werden. Reicht zur Füllung eines Teiges nach dem Grundrezept.

Quarkfüllung

500	g	Quark
100	g	saure Sahne
100	g	Honig
30	g	Maisgrieß, fein
1-2		Eier
4	El	Zitronensaft
1-2	Tl	Zitronenschale, abgerieben
½	Tl	Naturvanille
1	Pr.	Salz

So wird's gemacht:
Alle Zutaten miteinander verrühren. Eventuell noch Trockenfrüchte zugeben. Reicht zur Füllung eines Teiges nach dem Grundrezept.

Biskuitteig

Locker und luftig: Biskuitgebäck

Auf Festen und Feiern gehört selbst gebackener Kuchen dazu. Auch bei Biskuitgebäck hat die Vollwertküche viel zu bieten. Hier erfahren Sie, wie Sie für gutes Gelingen sorgen können. Außerdem gibt's Anregungen und Vorschläge zu kreativen Biskuitvariationen.

Zu Großmutters Zeiten galt der Kuchen als um so feiner und hochwertiger, je mehr Eier, Butter und Zucker enthalten waren. Ernährungsphysiologische Gründe, wie sie in der Vollwert-Ernährung berücksichtigt werden, sprechen für einen nur maßvollen Verzehr dieser Lebensmittel. Aus backtechnischen Gründen ist bei der Biskuitmasse ein relativ hoher Gehalt an Eiern erforderlich. Diese bewirken – entsprechend verarbeitet – die Teiglockerung. Das Grundrezept im Praxisteil (Seite 62/63) ist ernährungsphysiologisch sinnvoll und backtechnisch praktikabel zusammengestellt. Das Verhältnis der lockernden und bindenden Zutaten und die darauf abgestimmte Zubereitungsweise sorgen für lockeres, saftiges Gebäck. Um eine optimale Lockerung zu erreichen, werden Eigelb und Eiweiß getrennt bearbeitet. Eine andere Methode ist das Warmaufschlagen der Masse. Dafür können die Eier auch ganz verwendet werden – der Arbeitsaufwand ist dabei allerdings etwas größer.

Variationen in Biskuit

Die Biskuitmasse besteht zum Großteil aus Eier-Honig-Schaum, in dem kleinere Mengen Mehl verteilt sind. Beim Backen von Biskuitmasse entsteht ein Gerüst aus der Verbindung von Eischaum und Mehl. Die Lockerung wird durch die eingeschlagene Luft und verdampfendes Wasser bewirkt. Der Mehlanteil darf dabei nicht zu groß oder zu klein sein und sollte möglichst fein gemahlen sein, damit die Masse leicht, locker, luftig und doch stabil wird. Da das Klebereiweiß keine wichtige Funktion in der Masse hat, kann der Teig auch glutenfrei z. B. mit Buchweizen, hergestellt werden. Bis zu 50 % der Mehlmenge können Sie auch gut durch Hirse oder Grünkern ersetzen. Mehr sollte es jedoch nicht sein, denn mit reiner Hirse oder reinem Grünkern wäre der Teig viel zu trocken und würde brüchig. Hirse färbt den Teig gelblich und Grünkern verleiht dem Teig einen nussigen Geschmack. Sie können auch 50 % der Mehlmenge durch fein gemahlene Nüsse – für einen intensiveren Geschmack vorher anrösten – oder Ölsaaten ersetzen.

Probieren Sie doch einmal einen Mandelbiskuit als Tortenboden für frisches Obst oder eine Mohntorte, gewürzt mit Zimt und Nelken. Sogar kleine Mengen geriebener, aber nicht musiger Äpfel oder Gemüse können vorsichtig unter den Schaum gehoben werden wie bei der Rüblitorte.

Durch die Hitze dehnen sich Luft und Wasserdampf in den Poren aus und treiben das Gebäck in die Höhe. Achtung: Die Ofentür nicht zu früh öffnen, sonst kann die Masse zusammenfallen. Dies passiert dann nicht mehr, wenn die Festigungsprozesse weitgehend abgeschlossen sind, d. h. das Eiweiß geronnen und die Stärke und andere Kohlenhydrate gequollen und verkleistert sind.

Autorin:
Ruth Keussink

Biskuitteig

Wollen Sie dunkles Gebäck herstellen, so geben Sie zwei Teelöffel Carob- oder Kakaopulver zum Getreide. Ein solcher Biskuit wird z. B. für die Schwarzwälder-Kirschtorte gebacken. Gewürze wie Zimt, Nelken, Ingwer, Anis, Vanille u. v. a. geben dem Gebäck eine eigene Note. Kennen Sie schon Anisplätzchen mit ganzen Anissamen? Auch abgeriebene Zitronen- oder Orangenschale sind beliebte Zutaten.

Ebenso können pikante Biskuitgebäcke hergestellt werden. Reduzieren Sie den Honig auf ein Minimum und geben Sie mit dem Getreide Kräuter, Gewürze, Salz und z. B. geriebenen Käse zum aufgeschlagenen Eigelb. Ein pikanter Biskuit lässt sich gut als Suppeneinlage („Schöberl") oder für eine Biskuitrolle mit Gemüsefüllung verwenden.

Torten, Rollen, Plätzchen ...

Biskuitmasse können Sie auf die unterschiedlichsten Arten in Form bringen. Ausgestrichen auf dem Backblech wird eine Biskuitplatte gebacken. Sie kann zum einen eine gerollte Biskuitrolle ergeben, zum anderen kann sie, halbiert, gefüllt und wieder zusammengesetzt die Grundlage für Biskuitschnitten sein. Um eine Biskuitplatte möglichst gut vom Blech lösen zu können, sollte sie auf Backpapier gebacken werden.

Böden zum Belegen mit Obst können Sie in einer entsprechenden Obsttortenbodenform backen. Hohe Torten zum Füllen werden in Springformen gebacken, deren Boden mit Backpapier ausgelegt und deren Rand nicht gefettet sein sollte, damit der Tortenrand beim Backen nicht zusammenrutscht.
Biskuittaschen werden als flache Kreise von 10-15 cm Durchmesser auf einem mit Backpapier ausgelegten Blech gebacken, danach jeweils zur Hälfte übereinander geklappt und nach dem Auskühlen gefüllt.
Für Biskuitkleingebäck kann die Masse mit Hilfe eines Löffels als kleine Plätzchen auf das Blech gesetzt werden. Löffelbiskuits können mit Hilfe eines Spritzbeutels und großer Tülle vorsichtig in ihre Form gespritzt werden.
Zu guter Letzt: Biskuitmasse eignet sich auch als Guss auf einem Obstkuchen, z. B. mit Johannis- oder Stachelbeeren. Geben Sie den Biskuit erst 10-12 Minuten vor Ende der Backzeit auf das Obst.

Auskühlen lassen oder heiß vom Blech nehmen?

Nach dem Backen müssen Biskuitplätzchen gleich vom Blech genommen werden, da sie auf dem heißem Blech schnell zu braun werden. Stürzen Sie Biskuitplatten gleich nach dem Backen vorsichtig auf ein Geschirrtuch oder einen Kuchendraht. Lässt sich das Papier nicht gut ablösen, so hilft das Einpinseln des Papiers mit kaltem Wasser. Rollen werden sofort zusammen mit dem Tuch gerollt und nach dem Abkühlen wieder aufgerollt. Hohe Torten lösen sich leichter aus der Form, wenn sie darin auskühlen können. Dies ist besonders für Tortenböden wichtig, bei denen der Rand sonst leicht nach innen klappen kann. Es lohnt sich, mit dem Zuschneiden und Füllen bis zum folgenden Tag zu warten: Der Boden ist dann völlig ausgekühlt und gefestigt.

Biskuitteig

Übrig gebliebene trockene Reste von Biskuit ergeben aufgerieben wunderbare Brösel. Bis zu 5 % davon können dem Mehl beim Backen zugegeben werden, um ein besonders saftiges Gebäck zu erhalten. In Stücke geschnitten, mit Fruchtmark, geriebenen Nüssen, Obstsaft, Gewürzen und eventuell Alkoholika verrührt, entsteht aus Resten eine sehr geschmackvolle Füllung, z. B. für Torten („Punsch") oder ein schnelles Dessert.

Die Auswahl an Füllungen ist groß: Im Nu zubereitet sind geschlagene Sahne mit frischem Fruchtpüree aus Erdbeeren und Himbeeren im Sommer, oder Zitronen, Grapefruit und Orangen im Winter. Auch mit einer Grundlage aus Quark oder Frischkäse lassen sich Biskuitgebäcke schmackhaft füllen. Lecker sind Füllungen aus rohen oder getrockneten Früchten oder gemahlenen Nüssen. Durch säuerlichen Saft z. B. von Zitrusfrüchten und vielerlei Gewürzen lässt sich der Geschmack der Füllungen variieren. Beliebt sind auch kleine Mengen von Fruchtsaft, Likör, Rum oder anderen Alkoholika, mit denen das Gebäck vor dem Füllen getränkt wird.

Raffinierte Desserts mit Biskuit

Für raffinierte Desserts wird ebenfalls häufig Biskuitgebäck verwendet, z. B. „Tiramisu", bei dem Löffelbiskuit mit Mandellikör und starkem Kaffee getränkt und abwechselnd mit Mascarponecreme übereinander geschichtet und zum Schluss mit Kakaopulver bestäubt wird. Oder probieren Sie doch einmal eine „Charlotte": Sie besteht aus dünnen Scheiben einer Biskuitrolle – gefüllt mit Marmelade – die an den Rand einer halbkugelförmigen Schüssel gelegt werden. In die Mitte kommt eine Creme aus Eigelb, Milch und Sahne, gefestigt mit Agar-Agar. Ein solches Dessert wirkt gestürzt und garniert mit frischem Obst sehr festlich.

Ausgehend vom Grundrezept können Sie mit dem, was die Natur gerade bietet, ganz nach eigenem Geschmack backen, was Ihnen schmeckt und bekommt.

Lockerung durch eingeschlagene Luft

Wichtig für die Teiglockerung ist die in die Eier eingeschlagene Luft. Erforderlich ist ein möglichst stabiler, voluminöser Honig-Eier-Schaum, der sein Volumen bis zum Verfestigen der Masse durch Backhitze behält. Deshalb:

- Eigelbe zuerst mit warmem Wasser verrühren, dann mit Honig schaumig rühren, bis die Masse weißcremig ist. Wichtig hierbei: Lange genug schlagen, um die nötige Stabilität zu erreichen. Das ist erreicht, wenn die Schneebesenspuren nicht mehr in der Masse verlaufen (Straßenbildung).
- Eiweiße in einer völlig fettfreien Schüssel und mit fettfreiem Schneebesen steif schlagen.
  Die Eiweiße nur so steif schlagen, dass sich noch Nasen am Schneebesen bilden, sobald Sie diesen aus dem Eischnee ziehen.
- Mehl und Eischnee kurz und vorsichtig unter den Honig-Eier-Schaum heben.
- Backform vorbereiten und Backofen vorheizen.
- Springformrand nicht einfetten, sonst rutscht der Gebäckrand zurück.
- Fertige Biskuitmasse glatt streichen und sofort backen.

Biskuitteig

So gelingt's

Süßer Biskuitteig
Grundrezept

5		Eigelb
10	El	Wasser, warm
150	g	Honig
5		Eiweiß
200	g	Weizen, sehr fein gemahlen

So gelingt Ihnen Biskuitgebäck:

1. Backformen bzw. -bleche sorgfältig mit ungehärtetem Kokosfett oder Butterschmalz fetten oder mit Backpapier auslegen, für Rollen bzw. Platten das Blech auf jeden Fall mit Backpapier auslegen.
2. Backofen vorheizen (170-180 °C, Ober- und Unterhitze).
3. Eigelb und warmes Wasser zusammen leicht schaumig rühren.
4. Honig langsam zugeben und weiterrühren, bis die Masse weiß-cremig ist und Schneebesenspuren nicht mehr verlaufen (Straßenbildung).
5. Eiweiß nur so steif schlagen, dass sich die Eischneespitzen am Schneebesen noch umbiegen, sobald Sie diesen aus dem Eischnee ziehen.
6. Eischnee und Weizenvollkornmehl abwechselnd über die Dottermasse schichten und auf einmal vorsichtig unterheben.
7. Biskuitmasse in die Form bzw. auf das Blech geben und glatt streichen.
8. Backen: Die Backofentür während der ersten zwei Drittel der Backzeit geschlossen halten.

Variationen für süßen Biskuit

- **Möhrentorte** aus dem Grundrezept mit 50 g Buchweizenmehl und 150 g geriebenen Nüssen statt Weizen, ergänzt durch 200 g fein geriebene Möhren, evtl. 50 g gehackte Mandeln und eine Prise gemahlene Nelke.
- **Mohntorte** aus dem Grundrezept, zubereitet mit nur 100 g Weizen, ergänzt durch 100 g fein gemahlenen Mohn, je eine Prise Zimt und Nelke. Backen Sie die Masse als Torte mit 26 cm Ø, schneiden Sie sie dann zweimal durch und füllen Sie sie mit 500 g steif geschlagener Sahne bzw. halb Quark, halb Sahne und 100 g klein geschnittenen Rumrosinen.
- **Erdbeerrolle** aus dem Grundrezept mit ¼ Tl Naturvanille, gefüllt mit 200 g Quark, 1 El Honig, 600 g klein geschnittenen Erdbeeren und 200 g steif geschlagener Sahne.

Biskuitteig

Pikanter Biskuitteig
Grundrezept

5		Eigelb
10	El	Wasser
30	g	Honig
5		Eiweiß
160	g	Getreide, fein gemahlen
160	g	Gemüse, fein gerieben oder geschnitten
		Gewürze

Der Honig ist beim pikanten Biskuit nötig, um die gewünschte cremige und luftige Masse herzustellen. Süßlich ist der Teig aufgrund dieser Honigmenge nicht.

Wie viel für welches Gebäck?
Das Grundrezept reicht aus zur Zubereitung einer hohen Torte von 26-28 cm Durchmesser oder einer Biskuitrolle von 40 cm Länge.
Für einen Obstkuchenboden von 26 bis 28 cm Durchmesser gehen Sie vom Grundrezept mit 2 oder 3 Eiern aus.
Das richtige Mengenverhältnis der Zutaten können Sie sich ganz einfach merken, wenn Sie von einem Ei für den Biskuitteig ausgehen.
1 Ei – 2 El Flüssigkeit – 30 g Honig – 40 g Vollkornmehl
Je nach gewünschter Gebäckgröße brauchen Sie nur die Eimenge und die anderen Zutaten im gleichen Mengenverhältnis erhöhen.

So lange braucht das Gebäck:
Plätzchen: 7-10 Minuten, ca. 180 °C (Ober- und Unterhitze)
Rolle: 10-15 Minuten, ca. 180 °C (Ober- und Unterhitze)
niedrige Torte: 25-35 Minuten, ca. 175 °C (Ober- und Unterhitze)
hohe Torte: 40-50 Minuten, ca. 170 °C (Ober- und Unterhitze)

Ist das Gebäck sicher gar?
Tippen Sie mit dem Finger auf die Gebäckoberfläche. Wenn die Dellen gleich wieder verschwinden, der Teig also elastisch ist, dann ist der Kuchen gar.

Rührteig

Schnell gerührt:
Kuchen und Gebäck aus Rührteig

Rührkuchen werden aufgrund der schnellen und einfachen Zubereitung gerne gebacken. Die Teiglockerung mit Hilfe von Backpulver gelingt auch ungeübten Bäckern. Durch den relativ hohen Fettanteil bleibt der Kuchen, kühl und verschlossen aufbewahrt, einige Tage lang haltbar.

Die Rührmasse besteht aus Vollkornmehl, Butter, Eiern, Honig, Milch, Gewürzen und Weinsteinbackpulver. Sie wird durch in das Fett und die Eier eingeschlagene Luftbläschen mechanisch und durch Backpulver chemisch gelockert. Beim Backprozess dehnen sich diese Luftbläschen durch die Erwärmung stark aus und ein Teil der im Teig enthaltenen Flüssigkeit verdampft, wodurch eine zusätzliche physikalische Triebwirkung entsteht.

So wirkt das Backpulver

Backpulver besteht aus einem Kohlendioxidträger (Natriumcarbonat, Natron), sauren Salzen oder Säuren (Weinsteinsäure, Zitronensäure, bestimmte Phosphorsäuren u. a.) und einem Trennmittel (bis zu 30 % Mais-, Reis-, Weizen- oder Tapiokastärke) zur Trockenhaltung während der Lagerung. Sobald das Backpulver mit der Feuchtigkeit des Teiges in Berührung kommt, wird es aktiv: Das Natriumcarbonat zerfällt unter Einfluss von Säure, Wärme und Feuchtigkeit. Kohlendioxid wird frei und bewirkt die Teiglockerung. Obwohl die volle Triebwirkung des Backpulvers erst bei höheren Temperaturen einsetzt, sollte die fertige Masse – wenn überhaupt – nur gekühlt und nicht zu lange stehen bleiben. Das Backpulver zerfällt nämlich bereits im zimmerwarmen Teig und setzt dann frühzeitig Kohlendioxid frei. Weinsteinbackpulver enthält als Säure nur Weinsteinsäure. Die meisten handelsüblichen Backpulver enthalten dagegen Phosphorsäuren, welche bei ungenauer Dosierung unangenehm vorschmecken können.

Nicht nur Rühren ist wichtig

Für das Gelingen des Rührkuchens ist wichtig, dass sich die Zutaten gleichmäßig verteilen und sich zu einer homogenen und lockeren Masse verbinden.
Beachten Sie dazu folgende Punkte:
- Alle Zutaten sollten bei Zimmertemperatur verarbeitet werden. Butter und Eier deshalb rechtzeitig aus dem Kühlschrank nehmen, frisch gemahlenes Getreide und geröstete Nüsse abkühlen lassen.
- Butter schaumig schlagen
- Honig langsam unter Rühren zur schaumigen Butter geben.
- Ein Eigelb nach dem anderen unterrühren.
- Die Butter-Eigelb-Honig-Masse so lange mit einem Handrührgerät oder einer Küchenmaschine kräftig rühren, bis sie hell, cremig und sehr schaumig ist (ca. 10-15 Minuten). Dadurch wird der Kuchen schön locker und die Zutaten lassen sich noch besser miteinander mischen.
- In einer zweiten Schüssel werden die trockenen Zutaten – Vollkornmehl, gemahlene Nüsse und Samen, Backpulver, Gewürze und Salz – sorgfältig vermischt. Nur wenn das Backpulver gleichmäßig im Mehl verteilt ist, geht der Kuchen richtig auf.
- Die weiteren Zutaten werden mit einem Kochlöffel eingerührt, so dass möglichst wenig eingeschlagene Luft entweicht. Die Masse sollte möglichst nur kurz mit

Autoren:
Ruth Keussink
Georg Berger

Rührteig

dem Mehl gerührt werden, da sonst die Kleberausbildung im Getreide beginnt und der Teig zäh wird.
- Die gemischten, trockenen Zutaten werden abwechselnd mit der Milch oder einer anderen Flüssigkeit in die Buttermasse gegeben und anschließend auf einmal eingerührt. Die erforderliche Flüssigkeitsmenge ist von der Größe der verwendeten Eier wie auch vom Feuchtigkeitsgehalt und der Quellfähigkeit der verwendeten Zutaten abhängig. Die richtige Konsistenz des Rührteigs ist erreicht, wenn die Masse schwer reißend vom Löffel fällt. Der Teig sollte nicht zu trocken werden, da das Gebäck sonst bröselig werden kann und trocken schmeckt. Die Masse darf aber auch nicht zu dünnflüssig werden, damit der Kuchen genügend Halt hat, nicht zusammensackt und keine klebrigen Streifen entstehen.
- Auch Zitronensaft, Alkohol oder andere flüssige Zutaten sollten zu diesem Zeitpunkt zugegeben werden.
- Obst und Gemüse erst nach den Trockenzutaten zugeben, da sie sonst leicht zerfallen und den Teig verfärben können. Größere Trockenfrüchte zerkleinert bzw. Rosinen im Ganzen vor der Zugabe in Mehl wälzen, damit sie während des Backprozesses nicht zu Boden sinken und gleichmäßig im Teig verteilt bleiben. Einen ähnlichen Effekt und einen interessanten Geschmack erzielen Sie durch Einweichen der Trockenfrüchte in Wasser, Fruchtsaft oder in Alkoholika.

Schön locker durch Eischnee

Um ausreichende Triebkraft zu erhalten, sollte Rührmasse – wenn überhaupt – nur kurz und gekühlt quellen. Wird das steif geschlagene Eiweiß erst unmittelbar vor dem Backen vorsichtig untergehoben, bleibt die eingeschlagene Luft im Teig erhalten und das Gebäck wird dadurch locker. Besonders stabil wird der Eischnee, wenn von der Honigmenge ein Esslöffel zurückbehalten und mit dem halb aufgeschlagenen Eischnee verarbeitet wird. Den Eischnee nicht zu steif schlagen – die Spitzen sollen sich noch umbiegen – er lässt sich dann leichter unterheben.

Rührkuchen in zahlreichen Varianten

Die Zutaten des Grundrezeptes können in unterschiedlicher Weise variiert werden. Bis zu 70 % der angegebenen Menge an Weizen oder anderem kleberstarken Mehl kann durch andere Getreide oder Buchweizen ausgetauscht werden. Leckere Rührkuchen entstehen auch durch Zugabe von geriebenen Nüssen, Mandeln, Kokosflocken oder anderen Ölsaaten. Etwa die Hälfte des Mehles können Sie problemlos durch solche trockenen Zutaten ersetzen. Der Zusatz von Semmel- oder Kuchenbröseln zum Getreide (bis ca. 10 %) ist besonders bei Verwendung von saftigem Obst als Zugabe oder Belag empfehlenswert, weil diese viel Flüssigkeit aufsaugen können.

Geschmackliche Variationen

Eine Vielzahl an Geschmacksrichtungen ergibt sich auch durch die Verwendung von verschiedenen Gewürzen: Abgeriebene Schale oder Saft von unbehandelten Zitronen oder Orangen, Naturvanille, Zimt, Ingwer, Anis, Nelken u. a. passen für den süßen Rührkuchen. Oder Sie ersetzen die Milch einmal durch geschmacklich passenden Fruchtsaft, Sauermilchprodukte bzw. durch Gemüsebrühe bei der pikanten Variante. Pikanter Rührkuchen wird ohne Honig zubereitet. Kräftig gewürzt mit Koriander, Pfeffer, Kräutern, Kräutersalz u. a. m. eignet er sich z. B. als Boden für Gemüsekuchen.

© UGB e. V. | www.UGB.de

Rührteig

Mit Früchten oder Gemüse lässt sich Rührteig ebenfalls abwechslungsreich gestalten. Bedenken Sie dabei jedoch, dass die Rührmasse nicht zu feucht werden sollte, um eine ansprechende Konsistenz zu erhalten. 300 g Bananen können klein geschnitten oder zerdrückt einfach dem Grundrezept zugegeben werden. Es empfiehlt sich, dann aber nur die halbe Honigmenge zu verwenden. Anderes Obst bzw. Gemüse sollten Sie je nach Größe ebenfalls klein schneiden oder raffeln und so zerkleinert in die Masse einarbeiten. Die Menge an zugegebenem Obst und Gemüse sollte die gesamte Mehl-Nussmenge nicht überschreiten. Bei der Verwendung von sehr wasserhaltigen Früchten oder Gemüsen wie Apfel, Kürbis, Zucchini ist gleichzeitig eine Reduktion der Flüssigkeitsmenge erforderlich.

Fettärmere Variante

Die Hälfte der Buttermenge (100 g) können Sie auch durch 150 g Quark ersetzen. Dann die Masse mit der halben Buttermenge wie gewohnt verarbeiten und den Quark vor den trockenen Zutaten in die Butter-Eigelb-Honig-Masse unterheben und wie im Grundrezept weiterarbeiten.

Rührmasse in Form gebracht

Rührteig kann ausgestrichen auf dem Blech, in der Springform oder in den verschiedenen Kasten-, Kranz- und Napfkuchenformen gebacken werden. Fetten Sie die Formen mit ungehärtetem Kokosfett oder Butterschmalz ein und streuen sie mit etwas Vollkornmehl oder Semmelbröseln aus. Die Formen sollten nur zu drei Viertel gefüllt werden, da die Masse beim Backen Platz zum Aufgehen benötigt. Wenn Sie die Rührmasse vor dem Backen mit frischem Obst wie Äpfeln oder Birnen belegen, sollten Sie vorher fein geriebene Semmel- oder Kuchenbrösel daraufstreuen, damit der entstehende Obstsaft aufgesogen wird.

Spritzgebäck

Viele beliebte Plätzchen werden aus Rührmasse gebacken. Sie werden entweder mit einem Teelöffel auf ein mit Backpapier ausgelegtes Blech gesetzt, mit einer Gebäckspritze oder einem Spritzbeutel geformt oder in kleinen Förmchen gebacken. Bei der Zubereitung von Spritzgebäck aus Rührteig ist es empfehlenswert, die ungetrennten Eier in die Butter-Honig-Masse nach und nach einzuarbeiten. Dadurch wird der Teig nicht so locker und das Spritzgebäck hält die Form besser. Vorsicht: Durch den hohen Wassergehalt im Eiweiß gerinnt die Emulsion beim Zusammenrühren relativ leicht.

Wann ist der Kuchen gar?

Rührteig kann in den kalten Backofen geschoben werden. Der Kuchen wird bei 175 °C Ober- und Unterhitze oder 160 °C Heißluft (durch den Honig bräunt der Kuchen bei Heißluft sonst zu stark) gebacken. Er braucht je nach Dicke zwischen 10 Minuten und einer Stunde. Zur Garprobe ein Holzstäbchen in den Kuchen stecken; wenn kein Teig daran haften bleibt, ist der Kuchen fertig (Stäbchenprobe). Kuchen aus Rührteig sollten vor dem Stürzen etwas in der Form auskühlen, damit sie nicht so leicht auseinander brechen. Besonders saftig wird der Kuchen, wenn er nach dem Backen mit etwas gewürztem und gesüßtem Johannisbeer-, Holunder- oder Zitrusfruchtsaft beträufelt wird. Rührmasse kann auch im Waffeleisen oder in der Pfanne gebacken werden.

Rührteig

So gelingt's

Das Grundrezept

200	g	Butter
100	g	Honig
2		Eigelb
400	g	Weizen, fein gemahlen
2	Tl	Weinsteinbackpulver
1	Pr.	Salz
		Gewürze
200	ml	Flüssigkeit (Milch, Fruchtsaft, Gemüsebrühe u. a., evtl. etwas weniger oder mehr)
2		Eiweiß

Für eine Kuchenform von 2,5 l Inhalt.

So wird gerührt und gebacken:

1. Zutaten temperiert bereitstellen (Zimmertemperatur).
2. Backformen mit ungehärtetem Kokosfett oder Butterschmalz fetten und zusätzlich mit etwas Vollkornmehl ausstreuen. Backbleche mit Backpapier auslegen.
3. Butter schaumig rühren.
4. Honig unter ständigem Rühren langsam zur Butter geben.
5. Eigelb – bzw. ganze Eier bei Spritzgebäck – nacheinander einzeln einrühren.
6. Masse weiter rühren, bis sie sehr schaumig ist.
7. Vollkornmehl, Nüsse, Gewürze, Backpulver, Salz sorgfältig vermischen.
8. Mehlmischung abwechselnd mit der Flüssigkeit unter die Butter-Honig-Masse rühren, bis die Masse schwer reißend vom Holzlöffel fällt. Je nach Konsistenz die Flüssigkeit oder Mehlmenge reduzieren bzw. erhöhen.
9. Eiweiß steif schlagen und unterheben.
10. Teig in die Formen füllen und glatt streichen bzw. mit einem Löffel oder Spritzbeutel Plätzchen formen.
11. Bei 175 °C Ober- und Unterhitze oder 160 °C Heißluft backen. Backdauer: 10 Minuten bei kleinen Plätzchen, bis 60 Minuten bei großen Kuchen.

So wird geronnene Rührmasse gerettet

Die Schale mit der geronnenen Masse in ein warmes Wasserbad stellen und den Inhalt anschmelzen, bzw. bei schwierigen Fällen ganz schmelzen lassen, dann glatt rühren. Danach im kalten Wasserbad rühren, bis eine gleichmäßige Emulsion und eine schaumig-cremige Konsistenz erreicht ist.

Rührteig

Wann ist der Kuchen gar?
Stäbchenprobe: Stechen Sie ein Holzstäbchen in die Kuchenmitte. Der Kuchen ist gar, wenn kein Teig daran kleben bleibt.

Einmal fruchtig, einmal würzig, einmal pikant

- **Zitronenkuchen** aus dem Grundrezept mit 250 g Weizen und 150 g geriebenen Mandeln und 2 Teelöffeln abgeriebener Zitronenschale. Den heißen Kuchen mit einer Mischung aus 75 g Honig und 100 ml Zitronensaft beträufeln.
- **Gewürzkuchen** aus dem Grundrezept mit 300 g Weizenmehl und 100 g Hirsemehl, ergänzt durch je 150 g geraspelte Möhren und Äpfel und ½ Teelöffel Zimt sowie je eine Prise Nelke, Muskat und Kardamom – Milchmenge auf 100 ml reduzieren.
- **Bananenkuchen** aus dem Grundrezept mit 300 g Weizen und 100 g Kokosflocken, ergänzt durch 1 Ei, 300 g gewürfelte Bananen und 1 Prise Muskatnuss – Honigmenge auf 50 g reduzieren.
- **Waffeln mit Weizenkeimlingen** aus dem Grundrezept mit 250 g Weizenvollkornmehl, 100 g Hirsevollkornmehl und 50 g geriebenen Mandeln, gewürzt mit ½ Teelöffel Zimt und 1 Tl Zitronenschale. Die Milch durch 250-300 ml Sauermilch oder Buttermilch austauschen und den Teig durch 150 g Weizenkeimlinge ergänzen. Im Waffeleisen oder auch in der Pfanne backen.
- **Pikanter Gemüsekuchen** aus dem Grundrezept mit 200 g Weizenvollkornmehl, 150 g Roggenvollkornmehl und 50 g gerösteten Sonnenblumenkernen, ergänzt durch 150 g Möhren und 150 g Sellerie, fein gerieben, 100 g fein geschnittene und in Butter angedünstete Zwiebeln sowie 100 g geriebenen Emmentaler Käse. Gewürzt wird mit Koriander, 2-3 Tl Kräutersalz, Pfeffer und frischen Gartenkräutern. Den Honig auf 1 Tl reduzieren und die Milch durch Sauermilch oder Gemüsebrühe austauschen. Dieser pikante Kuchen kann in der Springform, als Muffin oder als Blechkuchen gebacken werden. Er schmeckt auch mit anderem Gemüse (z. B. Lauch, Spinat oder Kohl) und kann auch gut mit 150 g Quark anstelle der halben Buttermenge zubereitet werden.

Mürbeteig

Ideal für Kleingebäck und Kuchen: Mürbeteig

Mürbeteig begegnet uns in nahezu unerschöpflicher Vielfalt: Süß, pikant, mit oder ohne Belag, als Keks, Taler, Spritzgebäck, Kuchen, Tortenboden, Quiche und vieles andere mehr.

Fein gemahlenes Getreide, Butter und Honig im Verhältnis 4:2:1 bilden die Grundzutaten. Je nach Rezept werden sie noch durch Ei, Flüssigkeit und Gewürze (auch pikant ist möglich) ergänzt.

Weizen oder Dinkel sind ideal für den Mürbeteig. Sie sollten mindestens 30 % der Getreidemenge ausmachen, um die erwünschte Konsistenz der Backwaren zu erreichen. Mürbeteig ganz ohne Weizen oder Dinkel zerbröselt nach dem Backen leicht.

Mürbeteig enthält relativ viel Fett, das am günstigsten als Butter (ersatzweise ungehärtete Margarine mit hohem Anteil an nativem, kalt gepresstem Öl) zugegeben wird.

Vollrohrzucker oder Honig?

Süßer Mürbeteig enthält ein Süßungsmittel: Dafür geeignet ist Honig. Mürber wird der Kuchen jedoch mit Vollrohrzucker. Der Teig gelingt aber auch problemlos mit Obstdicksäften oder klein geschnittenen bzw. pürierten (eventuell eingeweichten) Trockenfrüchten. Für Kekse verwenden Sie besser Vollrohrzucker statt Honig, da sie damit länger knusprig bleiben. Bei der Verwendung von Vollrohrzucker bzw. für die pikante Variante empfiehlt es sich, etwas mehr Flüssigkeit zu verarbeiten, damit ein geschmeidiger Teig entsteht.

Vielfach wird Ei (oder Eigelb) zugegeben. Aus dem Ei ist vor allem Lecithin von Bedeutung: Es wirkt als Emulgator und macht das Gebäck besonders mürbe. Es ist nicht unbedingt erforderlich. Wird es weggelassen, sollte die Flüssigkeitsmenge durch andere Zutaten (Joghurt, Milch, Wasser) ersetzt werden.

Um einen geschmeidigen Mürbeteig herstellen zu können, der sich gut verarbeiten lässt, sind meist 2-5 Esslöffel Flüssigkeit pro 250 g Vollkornmehl erforderlich. Deutlich mehr Flüssigkeit ist nicht günstig, weil der Teig sonst leicht zäh wird.

Pikant gewürzt

Die Gewürze bestimmen die Geschmacksrichtung des Teiges. Für süße Mürbeteige wird eine Prise Salz zur geschmacklichen Abrundung und z. B. Zimt, Vanille, Schale und Saft von Zitrusfrüchten, Ingwer oder Anis verwendet. Die pikante Version verträgt sich gut mit Koriander, Kümmel, Fenchel, Paprikapulver, Kardamom, Pfeffer, Muskat, Curry, frischen oder getrockneten Kräutern bzw. Salz u. a. Ein Tipp: Auch mit dem Getreide gemahlene Trockenpilze geben eine interessante Note.

Die richtige Zubereitung

Verwenden Sie gekühlte Teigzutaten, um zu verhindern, dass der Teig „brandig" und dadurch brüchig wird. Frisch gemahlenes, mühlenwarmes Getreide und geröstete Nüsse auskühlen lassen und wie die Butter kühl stellen. Schneiden Sie die gekühlte Butter in kleine Stücke oder reiben Sie sie grob und verteilen sie auf dem Vollkornmehl. Hacken Sie nun die beiden Zutaten mit zwei Teigkarten, bis sie sich gut miteinander vermischt haben. Geben Sie dann die anderen Zutaten (Honig, Flüssigkeit, Quark, Eier, Salz, Gewürze) dazu und kneten rasch einen festen Teig.

Autoren:
Stephan Kuhlmann,
Georg Berger

Mürbeteig

Bearbeiten Sie den Teig nur möglichst kurz mit den Händen, weil er sonst zu warm werden kann.

Mürbeteig darf nur so lange geknetet werden, bis er geschmeidig und gut weiter zu verarbeiten ist. Wird der Teig zu lange bearbeitet, bildet sich aus dem Weizeneiweiß ein Klebergerüst aus und das Backergebnis wird zäh.

Auch mit der Küchenmaschine geht's: Geben Sie alle Zutaten in die Rührschüssel und bearbeiten Sie sie mit dem Knethaken, anschließend noch kurz mit den Händen zusammenkneten. Vorteil: Mit der Küchenmaschine wird der Teig nicht so leicht brandig. Formen Sie anschließend den Teig wie gewünscht z. B. Kekse oder Kuchenboden und stellen Sie den Teig noch einmal etwa 30 Minuten kühl.

Spritzgebäck aus Mürbeteig

Eine Zubereitungsvariante ist der aufgeschlagene Mürbeteig, der vor allem für Spritzgebäck und dickere Backwaren wie Vanille-Kipferl oder Linzer Torte gut geeignet ist.

Das sollten Sie beachten:
- Die Zutaten sollten nicht gekühlt werden, sondern wie auch beim Rührteig Zimmertemperatur haben, damit sie gut verarbeitbar sind.
- Rühren Sie zuerst Butter und Honig schaumig und arbeiten dann nach und nach die Eier ein.
- Zuletzt rühren Sie dann die Trockenzutaten (Mehl, Nüsse u. a.) unter die Butter-Ei-Honig-Masse.

Ab in den Ofen

Backen Sie Mürbeteig in ungefetteten Formen bzw. auf Backblechen. Für Quark-Mürbeteig und Quark-Ölteig sollten Sie die Formen bzw. das Blech mit ungehärtetem Kokosfett oder Butterschmalz einstreichen.

Mürbeteiggebäck wird bei ca. 180 °C (Ober- und Unterhitze) gebacken und braucht ohne Belag je nach Dicke 5-15 Minuten, mit Belag dauert es je nach Art und Dicke des Belages länger: 20-40 Minuten.

Achten Sie mehr auf die Farbe als auf die angegebene Backdauer. Besonders dünne Plätzchen können im Nu zu dunkel werden, vor allem Gebäck mit Honig. Denn Honig bräunt besonders schnell. Wollen Sie einen feuchten Belag verwenden, sollte der Teig möglichst blind (ohne Belag) vorgebacken werden, damit der Teig nicht zu sehr durchfeuchtet.

Ein Rezept – 1000 Varianten

Der Getreideanteil kann in vielfältiger Weise variiert werden. Etwa 70 % der Mehlmenge können Sie durch andere Getreidearten ersetzen. Auch fein geriebene Nüsse, Mandeln oder gemahlene Ölsaaten ergeben eine interessante Geschmacksvariation: Bis zu 50 % der Getreidemenge können durch solche Zutaten ausgetauscht werden. Kleine Mengen an fein geschnittenen oder geriebenen Früchten wie Apfel, Banane oder Streifen von Trockenfrüchten können den süßen Mürbeteig bereichern, fein geriebener Käse mit Kümmel oder Paprika lässt ein herzhaftes Mürbeteigrezept entstehen.

Die angegebene Flüssigkeit muss nicht immer Wasser sein. Versuchen Sie es doch einmal mit einem passenden Fruchtsaft, Milch oder Sauermilchprodukten, Gemüsesaft oder auch einmal Gemüsebrühe für die pikante Version.

Mürbeteig

Je nach Variation der Zutaten entstehen viele klassische Kleingebäcke aus Mürbeteig. Wer kennt nicht Schwarz-Weiß-Gebäck, Spitzbuben, Weihnachtssterne oder Vanillekipferl? Diese Gebäcksorten lassen sich gut in Keksdosen aufbewahren und schmecken nach ein bis zwei Wochen eher noch besser.

Auf den fertigen Mürbeteig passt vor dem Backen noch einiges drauf: Bestreichen Sie Plätzchen mit einem Ei-Milch-Gemisch für eine glänzende Oberfläche. Würzig wird es mit darauf gestreutem geriebenem Käse. Ganze oder grob gehackte Nüsse, Mandeln oder Ölsaaten sehen dekorativ aus. Versuchen Sie verschiedene Beläge aus Obst, Gemüse oder Quark: Aprikosen-Quark-Kuchen mit Mandeln, Apfel-Nusskuchen, Lauchquiche mit Sonnenblumenkernen oder Mürbeteigpizza.

Nicht nur als Boden

Übrigens: Nicht nur als Unterlage, sondern auch als Decke passt der Mürbeteig. Entweder dünn ausgerollt, in Streifen geschnitten oder in Form von Streuseln. So entsteht z. B. ein gedeckter Rhabarberkuchen oder ein Zwetschgenkuchen mit Nussstreuseln. Auch fertig gebackene Mürbeteigböden können noch belegt werden, mit z. B. frischem Obst, Sahne- oder Quarkcreme. Wie wär's einmal mit Sauerkirschen auf Kakaomürbeteig-Törtchen? Auch als Unterlage für zusammengesetzte Torten aus Biskuitteig, Cremes und Früchten wird oft und gerne ein fester Mürbeteigboden verwendet.

So wird aus den Zutaten ein Gebäck

Bei der Verarbeitung lagern sich die Fettpartikel an die Getreidebestandteile an und verbinden sie so miteinander zu einem stabilen Teig. Außerdem quillt während der Ruhezeit des Teiges die Stärke in den Mehlpartikeln mit Wasser aus Butter, Honig und eventuell zugesetzter Flüssigkeit ein wenig auf, wobei die Mehlteilchen größer werden. Beim Backen schließlich verbindet sich die heiße Butter mit den Getreidebestandteilen. Stärke und Eiweiß verkleistern, wobei die Mehlbestandteile an den Berührungsstellen verkleben und das Gebäck zusammenhalten. Das Gebäck wird mürbe und nicht hart. Außerdem verdampft das enthaltene Wasser und sorgt so für eine geringfügige Lockerung des Gebäcks.

Mürbeteig

So gelingt's

Mürbeteig

250	g	Weizen, fein gemahlen
125	g	Butter
50	g	Honig oder Vollrohrzucker
1	Pr.	Salz
		evtl. Gewürze
1		Ei (evtl.)

Quark-Mürbeteig

50	g	Butter
50	g	Honig oder Vollrohrzucker
100	g	Quark
250	g	Weizen, fein gemahlen
1	Pr.	Salz
		evtl. Gewürze

So wird geknetet:

1. Gut gekühlte Butter in kleine Stücke schneiden oder grob reiben und zum kühlen Vollkornmehl geben.
2. Butter und Vollkornmehl mit zwei Teigkarten hacken oder zwischen den Händen schnell zu Krümeln verreiben.
3. Honig bzw. Vollrohrzucker, Salz, evtl. Ei, Wasser, Quark, evtl. Gewürze zugeben und zu einem festen Teig verarbeiten.
4. Teig als Kloß oder für Kekse zur Rolle geformt ca. 30 Minuten an einem kühlen Ort ruhen lassen.
5. Je nach Verwendung ausrollen, ausschneiden oder ausstechen, aufs Backblech oder in eine Form legen, evtl. belegen oder füllen.
6. Bei ca. 180 °C (Ober- und Unterhitze) backen. Vorsicht: Gebäck mit Honig bräunt besonders schnell.

Brandig geworden – was tun?

„Brandig" werden kann der Teig, wenn die Butter beim Kneten schmilzt und von Getreidepartikeln aufgesogen wird. Dies passiert, wenn der Teig zu warm wird. Der Teig beginnt dabei fettig zu glänzen und wird ziemlich brüchig. Er lässt sich dann nur noch schwer formen und ausrollen. Retten können Sie einen brandigen Teig, indem Sie pro 500 g Getreide ein bis zwei Eiweiß – leicht aufgeschlagen – einarbeiten. Das Ergebnis ist dann trotzdem nicht mehr ganz so mürbe wie ein kalt verarbeiteter Teig.

Mürbeteig

Vorbacken
Wollen Sie den Teig mit einer feuchten Masse belegen (z. B. Quark-, Obst- oder Gemüsebelag), so backen Sie ihn am besten ohne Belag, d. h. blind vor:
5-10 Minuten bei ca. 180 °C (Ober- und Unterhitze).
Damit der Teig keine Blasen wirft, sollten Sie ihn mehrmals mit einer Gabel einstechen. Für einen Kuchen mit hohem Rand legen Sie den Teig vor dem Blindbacken mit Pergamentpapier aus, füllen getrocknete Hülsenfrüchte bis zum Rand hinein und backen ihn dann vor. Dadurch wird verhindert, dass der Rand zusammensackt. Die Hülsenfrüchte können Sie für diese Zwecke immer wieder verwenden.

So wird aufgeschlagen:
1. Butter und Honig schaumig rühren.
2. Eier, Quark und evtl. Flüssigkeit einrühren.
3. Vollkornmehl, Salz, Gewürze und geriebene Nüsse vermischen.
4. Mehlmischung unter die Butter-Honig-Masse mischen.

Für Spritzgebäck
5. Teig aufdressieren: In einen Spritzbeutel füllen und auf das Backblech oder in die Formen spritzen.
6. Teig ca. 30 Minuten an einem kühlen Ort ruhen lassen.
7. Bei ca. 180 °C (Ober- und Unterhitze) backen.

Für anderes Gebäck
5. Teig ca. 30 Minuten an einem kühlen Ort ruhen lassen.
6. Teig je nach Verwendung ausrollen, ausschneiden, ausstechen, formen bzw. aufs Backblech legen oder Formen damit auslegen, evtl. belegen oder füllen.
7. Bei ca. 180 °C (Ober- und Unterhitze) backen.

Quark-Blätterteig
Dieser Teig entsteht, wenn Sie den Quark-Mürbeteig wie beim Blätterteig tourieren. Rollen Sie den Teig dazu zu einem Rechteck aus und legen ihn so zusammen, dass vier Schichten übereinander entstehen. Den so zusammengelegten Teig rollen Sie dann noch zweimal aus (ohne zu kneten!) und legen ihn wieder wie oben beschrieben zusammen. Quark-Blätterteig-Gebäck erinnert in der Struktur an Blätterteig und wird ein wenig lockerer als Mürbeteig. Quark-Blätterteig wird wie Quark-Mürbeteig verwendet.

Mürbeteig auf Vorrat
- **Roher Mürbeteig** kann gekühlt gut aufbewahrt werden. Das Backergebnis wird durch die lange Ruhezeit – besonders bei Teigen mit Sauermilchprodukten – eher verbessert. Älter als fünf bis sieben Tage sollte der Teig nicht werden.
- **Vorgebackene Böden** und **Kekse** aus Mürbeteig sind mehrere Wochen lang haltbar und auch bei überraschendem Besuch schnell verfügbar.

Mürbeteig

Fettärmere Varianten

Fettärmer als die herkömmliche Rezeptur sind der leichte Mürbeteig, eine Variante des aufgeschlagenen Mürbeteiges, und der Quark-Öl-Teig. Leichter Mürbeteig eignet sich aufgrund seiner festen Struktur sehr gut als Boden für saftige, durchweichende Obsttorten und Sahneschnittchen. Das Gebäck ist gut transportfähig und stabil. Quark-Öl-Teig ist auch für herzhafte Varianten, z. B. einen Gemüsekuchen geeignet.

Leichter Mürbeteig

50	g	Butter
50-100	g	Honig
1-2		Eier
50-100	g	Milch
250	g	Weizen, fein gemahlen
1	Tl	Weinsteinbackpulver

So wird's gemacht:
Leichter Mürbeteig wird wie die aufgeschlagene Variante des Mürbeteigs zubereitet.

Quark-Öl-Teig

125	g	Quark
50	g	Öl, nativ, kalt gepresst
50-80	g	Honig (für einen pikanten Quark-Öl-Teig lassen Sie den Honig ganz weg)
1		Ei
2-5	El	Milch
250	g	Weizen, fein gemahlen
1-2	Tl	Weinsteinbackpulver (eventuell)

So wird's gemacht:
Quark mit allen Zutaten außer Mehl und Backpulver glatt rühren. Mehl evtl. mit Backpulver mischen und in die Quarkmasse einkneten, bis der Teig geschmeidig ist. Eine Stunde kühl stellen und wie Quark-Mürbeteig verwenden.

Kochen – abbrennen – garen: Brandteig

Zuerst gekocht, abgebrannt und dann noch einmal gegart – das ist Brandteig. Wer kennt sie nicht, Windbeutel, süß oder pikant gefüllt? Aber auch für Klößchen, Aufläufe, Waffeln oder Bratlinge und als Bindemittel eignet sich Brandteig hervorragend.

Brandteig besteht hauptsächlich aus fünf Zutaten: Flüssigkeit, Getreide, Eier, Fett und einer Prise Salz. Zuerst wird die Flüssigkeit in einem ausreichend großen Topf zugedeckt aufgekocht. Der Deckel ist wichtig, damit nicht zu viel Flüssigkeit verdampft. Die Butter schmilzt währenddessen und durch den Fettfilm auf der Flüssigkeit wird deren Siedepunkt um 4-5 °C erhöht, was wiederum die geschmacklichen und technischen Effekte des Abbrennens verstärkt. Außerdem macht der Fettanteil die Brandteigmasse geschmeidiger. Dann wird das gemahlene Getreide auf einmal dazugegeben und bei unverminderter Hitzezufuhr unter kräftigem Rühren etwa zwei Minuten abgebrannt. Das Vollkornmehl nimmt dabei die Flüssigkeit auf, die Stärke verkleistert, der Teig bildet einen Klumpen und löst sich vom Topfboden. Gleichzeitig entsteht ein weiß-gräulicher Belag am Topfboden. Jetzt wird der Topf vom Herd genommen und die Masse ein wenig (unter 80 °C) abgekühlt, damit die Eier beim Einarbeiten nicht gerinnen. Sehr schnell geht dies durch Umfüllen in ein anderes, kaltes Gefäß.

Günstig ist es, die Eier dann einzeln einzuarbeiten und zwischendurch den Teig immer wieder glatt zu rühren. Bei Zugabe von zu großen Eimengen auf einmal lässt sich das flüssige Ei nur schlecht mit dem festen Mehlkloß vermengen.

Mehl fein mahlen

Die Mengenverhältnisse der Zutaten können sehr unterschiedlich sein: Je nachdem, ob Feingebäck wie Windbeutel zubereitet werden soll oder der Brandteig z. B. als Bindemittel für Gemüsebratlinge gebraucht wird.

Damit das Feingebäck, das meist im Ofen – manchmal aber auch schwimmend in Fett – gebacken wird, gut aufgeht, ist es erforderlich, für mindestens zwei Drittel der Mehlmenge Weizen, Dinkel oder ein anderes kleberstarkes Mehl zu verwenden. Zudem ist das Getreide so fein wie möglich zu mahlen. Auch eine relativ hohe Eimenge im Teig ist unerlässlich.

Die richtige Backtemperatur

Beim Backen im Ofen ist es dann wichtig, bei hoher Anfangstemperatur (220 °C, Ober- und Unterhitze) anzubacken und nach etwa 10 Minuten bei niedrigerer Temperatur (160-180 °C, Ober- und Unterhitze) fertig zu backen. Durch die anfänglich hohe Backtemperatur bildet sich an der Gebäckoberfläche aus Ei, verkleisterter Stärke und Kleberbestandteilen gleich zu Beginn eine luftundurchlässige Schicht. Je feiner die Getreidepartikelchen sind, umso dichter und elastischer wird diese Schicht. Ein großer Teil des im Teig enthaltenen Wassers verdampft bei diesen hohen Temperaturen sehr schnell und dehnt sich dabei stark aus. Wegen der luftundurchlässigen Schicht kann es nicht entweichen und bläst so das Gebäck wie einen Luftballon auf – es bildet sich der typische Hohlraum. Begünstigt wird dieser Effekt durch eine möglichst feuchte Atmosphäre im Backofen, weil dadurch die Gebäckoberfläche länger elastisch bleibt. Stellen Sie dafür einfach eine Schale mit kochendem Wasser mit in den Backofen oder schalten Sie die Dampfautomatik ein.

Autor: Georg Berger

Brandteig

Nach etwa 5-10 Minuten Backzeit ist das Gebäck voll aufgegangen, die äußere Teigschicht wird immer dicker, trocknet mehr und mehr aus und stabilisiert sich. Jetzt ist es wichtig, die Backtemperatur zu senken, damit die Windbeutel nicht zu dunkel werden oder gar verbrennen. Die Luft im Backofen sollte nach ca. 15 Minuten eher trocken sein. Also: Keine Dampfschwaden mehr geben bzw. das Wassergefäß aus dem Ofen nehmen. Dadurch wird das Backergebnis knusprig und leicht. Wird das Gebäck etwa fünf Minuten vor Ende der Backzeit mit einem Stäbchen angestochen, dann trocknet es besonders gut aus. Ein ähnlicher Effekt wird erreicht, wenn die Windbeutel gleich nach dem Backen aufgeschnitten werden. Jetzt das Gebäck nur noch auskühlen lassen und nach Belieben süß oder pikant füllen.

Für Klößchen und als Bindemasse

Soll der Brandteig für Klößchen oder als Bindemasse verwendet werden, spielt die Getreideart keine so große Rolle. Der Teig muss nicht so stark aufgehen – die Bindefunktion steht mehr im Vordergrund. Die Eiermenge kann für solche Zwecke stark reduziert werden. Bratlinge nach der Brandteigmethode können auch ganz ohne Eier zubereitet werden, dann wird nur der geschmackliche Effekt des Abbrennens genutzt. Außerdem ist es hierfür nicht erforderlich, das Getreide besonders fein zu mahlen.

Wichtig ist, dass Brandteig beim Kochen (Klößchen, Knödel, Teigtaschen...) in gesalzenes, leicht wallendes Wasser bzw. Gemüsebrühe gelegt und mit geschlossenem Deckel gegart wird. Durch den Deckel entsteht im Topf und im Brandteig mehr Dampfdruck, die Klößchen gehen deshalb besser auf. Wenn das Wasser zu sehr wallt, zerfallen die Klößchen durch die mechanische Beanspruchung leicht.

Zutaten variieren

Die Variationsbreite bei den Zutaten von Brandteig ist unübertroffen.
Die Flüssigkeit kann aus Wasser, Milch, Gemüsebrühe, anteilmäßig aus Frucht- oder Gemüsesäften u. a. bestehen. Je nach Verwendung passen in die Flüssigkeit fein gemahlene Gewürze wie Muskat, Pfeffer, Koriander, Kümmel, Kurkuma, Safran, Paprikapulver, Anis, Vanille, Zimt, Ingwer oder getrocknete Kräuter. Zum Teil ergeben diese Gewürze auch tolle Farbeffekte. So färbt Kurkuma oder Safran schön gelb oder Paprikapulver rötlich. Einen roten Farbton erreichen Sie auch durch Tomatenmark, Möhren- oder Rote-Bete-Saft. Die Trockengewürze können genauso gut auch mit dem Mehl zugegeben oder bei Bedarf gemahlen werden.

Durch den gezielten Einsatz der unterschiedlichen Getreidearten – einzeln oder gemischt – ergeben sich noch einmal viele Variationsmöglichkeiten. Verarbeitungstechnisch kann prinzipiell jedes Speisefett eingesetzt werden. Im Rahmen der Vollwert-Ernährung empfehlen wir, Butter oder native, kalt gepresste Pflanzenöle zu verwenden. Geriebene oder gehackte Nüsse und Ölsaaten, frische, gehackte Kräuter, geriebener Käse oder fein geriebenes Gemüse und Obst passen auch gut in den Brandteig. Der Anteil dieser Zutaten sollte für Feingebäck jedoch nicht zu hoch und sehr fein gerieben bzw. püriert sein.

Brandteig

Vielfältig zubereitet

Windbeutel, Ringe, Schwäne, Profiteroles (ganz kleine Windbeutel) oder Eclairs (Brandteigstangen) sind als Formen für Feingebäck bekannt. Sie können aber auch eine Torte zaubern. Dafür dressieren Sie mit einem Spritzbeutel die Brandteigmasse rosettenförmig auf zwei Springformböden, backen diese und schneiden die Böden nochmals in der Mitte auseinander. Zwischen die so entstandenen vier Schichten füllen Sie eine schnittfeste Creme nach Ihrem Geschmack und setzen obendrauf noch je einen Windbeutel pro Portion als Garnierung. Ähnlich können Sie auch einen dekorativen Turm aus vielen Windbeuteln zusammenbauen.

Prinzipiell ist Brandteigfeingebäck nach dem Grundrezept geschmacklich neutral. Erst durch die Wahl der Füllung bestimmen Sie, ob die Köstlichkeit süß oder pikant schmecken soll. Haben Sie Lust auf Frucht-Sahnecreme oder soll's lieber eine Nuss-Quarkfüllung oder etwa Eiscreme sein? Ein Windbeutel oder Schwan mit Kräuterquark, Getreide- oder Gemüsepaste begeistert nicht selten am kalten Büfett.

Gekochte Klößchen eignen sich gut als Suppeneinlage, werden mit Sauce als Gnocchi serviert oder als Auflauf weiterverarbeitet. Für Klößchen sollten nicht mehr als 20-30 % der Teigmasse an anderen Zutaten dazugegeben werden.

Obstknödel sind ein wahrer Leckerbissen: Der Teig wird mit nur etwa 200 g Flüssigkeit und etwas Honig zubereitet, mit z. B. einer Pflaume gefüllt und nach dem Garen in Butterbrösel gewälzt. Analog und ohne Honig gelingt's natürlich auch z. B. mit einer pikanten Kräuter-Käsefüllung. Einen solchen etwas dickeren Teig können Sie auch messerrückendick ausrollen, ähnlich wie Ravioli mit einer beliebigen Masse (Pilze, Gemüse...) füllen und kochen oder im Ofen backen. Besonders die gebackene Version ergibt als Ofenkrapfen mit z. B. Lauchcremesauce und Gemüsebukett serviert eine tolle Mahlzeit.

Oder kennen Sie schon Pommes Dauphine aus Brandteig und Kartoffeln?
Aber auch lockere Soufflés und Aufläufe entstehen, wenn Sie beim Grundrezept die Eier trennen und den aufgeschlagenen Eischnee unter die Masse heben.

Brandteigfeingebäck einfrieren

Wenn Sie einmal zu viele Windbeutel gebacken haben, können Sie diese in einem Gefrierbeutel tiefgekühlt aufbewahren. Zum Auftauen die gefrorene Backware im vorgeheizten Ofen bei etwa 200 °C (Ober- und Unterhitze) je nach Größe 5-8 Minuten aufbacken. Sie schmecken dann wie frisch zubereitet. Ähnlich geht es auch, wenn die Windbeutel schon 2-3 Tage alt und zäh geworden sind: Mit wenig Wasser bestreichen und wie oben beschrieben aufbacken.

Brandteig

So gelingt's

Grundrezept

für etwa 16 bis 20 Windbeutel

250	g	Wasser
50	g	Butter
1	Msp.	Salz
150	g	Weizen, sehr fein gemahlen
4		Eier (à ca. 50 g), bei kleineren Eiern reichen 4 Stück evtl. nicht aus

So wird abgebrannt und gebacken:

1. Wasser, Butter und Salz zugedeckt kurz aufkochen lassen – die Butter sollte vollständig geschmolzen sein.
2. Vollkornmehl auf einmal in die kochende Flüssigkeit geben und den Teig bei voller Hitzezufuhr unter kräftigem Rühren etwa 2 Minuten lang „abbrennen". Der Teig löst sich dabei vom Topf, bildet einen Klumpen und ein weiß-gräulicher Belag überzieht den Topfboden.
3. Den Topf vom Herd nehmen und den Teig etwas abkühlen lassen. Er sollte nicht wärmer als etwa 80 °C sein, eine Temperatur über 30 °C zur weiteren Verarbeitung ist aber günstig.
4. Die Eier einzeln nacheinander unterrühren, bis eine glatte Masse entstanden ist. Die Konsistenz des Teiges sollte so sein, dass eine hochgezogene Teignase langsam umkippt.
5. Mit einem Spritzbeutel oder zwei nassen Löffeln kleine Häufchen auf ein mit Backpapier ausgelegtes Backblech setzen – es können natürlich auch andere Formen wie Streifen oder Ringe sein.
6. In den auf etwa 220 °C (Ober- und Unterhitze) vorgeheizten Backofen schieben, etwa 10 Minuten anbacken und je nach Größe 15-25 Minuten bei etwa 170 °C fertig backen.
Während der ersten 15-20 Minuten Backzeit sollte der Ofen nicht geöffnet werden, damit die Windbeutel nicht zusammenfallen.

Dampf tut gut

Beim Backen von Brandteigfeingebäck ist es günstig, vor allem während der ersten 10 Minuten der Backzeit die Luft im Backofen möglichst feucht zu halten. Das geht z. B., indem das Backblech vor dem Backen mit etwas Wasser besprenkelt wird, die Dampfautomatik zugeschaltet oder ein Gefäß mit kochendem Wasser in den Ofen gestellt wird. In den letzten 5-10 Minuten der Backzeit sollte die Luft jedoch eher trocken sein. Deshalb die Dampfautomatik wieder ausschalten, bzw. das Gefäß mit kochendem Wasser aus dem Ofen nehmen. Durch die feuchte Backofenatmosphäre während der Aufgehphase bleibt die Kruste des Gebäcks länger elastisch und kann dem Dampfdruck von innen mehr nachgeben. Das Backwerk wird so besonders luftig.

Brandteig

Mohnsoufflé

200 g	Milch
50 g	Butter
50 g	Weizen, fein gemahlen
70 g	Mohn, fein gemahlen
1-2	Eigelb
1-2	Eiweiß

So wird's gemacht:
Brandteig nach der Vorgehensweise des Grundrezepts zubereiten. 1-2 Eiweiß steif schlagen, unter die ausgekühlte Brandteigmasse heben und in gefettete und bemehlte Souffléförmchen füllen. Souffléförmchen in eine Form (oder Backpfanne), die ca. 1 cm tief mit heißem Wasser gefüllt ist, stellen und im Backofen bei 180 °C (Ober- und Unterhitze) etwa 30 Minuten backen.
Statt Mohn können Sie auch geriebene Nüsse oder Mandeln verwenden.
Dazu passt gut Vanille- und/oder Fruchtsauce.

Tomatengnocchi mit Basilikum

250 g	Gemüsebrühe
50 g	Olivenöl, nativ, kalt gepresst
je 75 g	Dinkel, Grünkern, fein geschrotet
2	Eier
2-3 El	Tomatenmark
1-2 El	Parmesan, fein gerieben
1-2 El	Basilikum, gehackt
1 Msp.	Kräutersalz
je 1 Pr.	Pfeffer, Muskat

So wird's gemacht:
Brandteig mit Gemüsebrühe, Öl und Getreide zubereiten. Die Eier und die restlichen Zutaten zugeben, mit nassen Esslöffeln Klößchen abstechen und in köchelnder Brühe bei geschlossenem Deckel ca. 10 Minuten garen. Mit Käse-, Kräuter- oder Tomatensauce servieren. Diese Klößchen eignen sich auch gut als Suppeneinlage.

Was tun, wenn der Teig zu flüssig geworden ist?

- Brennen Sie einen weiteren Brandteigkloß ab und arbeiten Sie diesen in den zu flüssig gewordenen Teig ein. Dieser zweite Teig kann ruhig etwas fester sein, geben Sie die Eier erst nach dem Mischen mit dem ersten Teig zu, falls der Teig dann doch zu fest ist.
- Ist der Teig nur ein wenig zu weich, reicht es oft auch aus, ihn im Kühlschrank so lange zu kühlen, bis die Butter fest wird.
- Zu flüssiger Teig darf in keinem Fall mit zusätzlichem Mehl ausgeglichen werden, da das Mehl im Brandteig auf jeden Fall verkleistert sein muss.

Brandteig

Gemüsebratlinge

200	g	Gemüsebrühe
50	g	Butter
100	g	Weizen, fein gemahlen
50	g	Buchweizen, fein geschrotet
1-2		Eier
150	g	Lauch
150	g	Möhren, grob geraffelt
150	g	Sellerie, grob geraffelt, mit 1 El Öl andünsten
2-3	El	gehackte Gartenkräuter
50	g	gehackte Mandeln
1	Pr.	Kräutersalz
1	Pr.	Pfeffer
1	Pr.	Muskat

So wird's gemacht:
Brandteig aus Gemüsebrühe, Butter, Weizen und Buchweizen zubereiten und die Eier unterrühren. Brandteigmasse mit Gemüse, Kräutern und den gehackten Mandeln vermischen und mit Kräutersalz, Pfeffer und Muskat abschmecken. Bratlinge formen und entweder in der Pfanne oder auf dem Blech backen.
Schmeckt auch gut mit 2-3 El geriebenem Käse oder Quark als Ergänzung.

Maisgrießnockerl
als Suppeneinlage

100	g	Gemüsebrühe
20	g	Butter
50	g	Maisgrieß
20	g	Weizen, fein gemahlen
1		Ei
10	g	Parmesan, gerieben
1	El	Petersilie, gehackt
1	Pr.	Kräutersalz
1	Pr.	Muskat
1	Pr.	Pfeffer

So wird's gemacht:
Brandteig zubereiten, das Ei und den Parmesan unterrühren. Mit den Kräutern und Gewürzen abschmecken. Mit nassen Teelöffeln Nockerln ausstechen und in köchelnder Gemüsebrühe bei geschlossenem Deckel etwa 10 Minuten garen.

Eine zarte Hülle für die Fülle: Strudelteig

Wer träumt nicht ab und an von einem duftenden Apfelstrudel mit Vanillesauce? Ob kalter oder warmer Strudel, die Füllung bestimmt den Charakter und so bereichert die Rolle mit den vielen Gesichtern fast jedes Menü: Manchmal pikant als Hauptgang, Vorspeise oder in der Suppe, einmal süß zum Dessert oder einfach zum Plauschen zwischendurch.

Strudelteig – ein naher Verwandter des Nudelteiges – wird aus sehr fein gemahlenem Dinkel oder Weizen, lauwarmem Wasser, etwas Öl, wenig Salz und einem Schuss Säure hergestellt.

Besonders Dinkel, aber auch Weizen enthält die für das Gelingen des Strudelteigs erforderliche Menge an Klebereiweiß. Wichtig ist, dass das Getreide so fein wie möglich gemahlen wird, damit der Teig bei der Weiterverarbeitung hauchdünn ausgerollt bzw. gezogen werden kann. Je mehr gröbere Teilchen (z. B. Kleie) enthalten sind, desto leichter reißt der Teig beim Ausrollen und besonders beim Auseinanderziehen ein.

Das Wasser sollte möglichst lauwarm (30-40 °C) verarbeitet werden. Ebenso wie die Salz- und Säurezugabe fördert dies die Ausbildung eines optimalen Klebergerüstes, das sich beim Kneten hauptsächlich aus den wasserlöslichen Eiweißen Gliadin und Glutenin aufbaut.

Das zugesetzte Öl macht den Teig elastisch und erleichtert dadurch die Verarbeitung.

Manchmal hilft Ei

Wenn Weizen mit schlechter Kleberqualität verarbeitet wird (der Teig reißt dann sehr leicht), kann ein Eigelb oder ein Ei auf 250-500 g Vollkornmehl helfen. Denn Eier (Eigelb) enthalten unter anderem Lecithin, einen Emulgator, der die Wasserbindefähigkeit und Elastizität des Teiges verbessert. Pro Ei sollte die Wassermenge im Rezept um 20-30 g verringert werden.

Mischen und kneten

Die Konsistenz des Teiges ist für das Gelingen äußerst wichtig. Deshalb die Mehl- und Wassermenge exakt bemessen – am besten Abwiegen!

Der Teig sollte nach dem Kneten an der Oberfläche leicht glänzen und sich ziemlich weich und geschmeidig anfühlen, jedoch kurzzeitig (einige Minuten) die Form halten können.

Den fertig gekneteten Teig auf dem Knetbrett zu einer Kugel „schleifen" (am Brett rollend formen). Dabei erhöht sich die Kleberspannung – der Teig fühlt sich dann fester an und entwickelt seine optimale Zähigkeit.

Ruhen und entspannen

Zum Ruhen den Teig mit Öl bepinseln und gut abgedeckt an einem warmen Ort mindestens 30 Minuten stehen lassen. Die Ruhezeit kann ohne Bedenken auf zwei bis drei Stunden ausgedehnt werden. Dabei entspannt sich der Teig wieder. Er ist dann am geschmeidigsten und lässt sich problemlos dünn ausrollen. Wichtig ist, dass die Teigoberfläche während der Ruhezeit nicht austrocknet und so keine spröde, brüchige Teighaut entstehen kann.

Autor: Georg Berger

Strudelteig

Während der Teig ruht, können Sie sich dem „Innenleben" zuwenden. Zur Füllung eines Strudels aus dem Grundrezept brauchen Sie etwa 1,2 bis 1,5 kg. Das reicht je nach Verwendungszweck für 6-10 Personen. So gut wie alle Lebensmittel sind für leckere Füllmassen geeignet. Wichtig ist, dass die Zutaten für die Füllung fein zerkleinert werden, weil sonst die „Ecken" leicht den zarten Teig durchdrücken. Auch allzu feucht sollte der Inhalt nicht geraten, damit der Teig nicht zu schnell durchweicht und die Teigrolle auf Dauer in Form bleibt. Im Zweifelsfalle lieber mit ein wenig Vollkornbröseln, Quark oder anderen wasserbindenden Zutaten nachhelfen. Für die pikante Richtung kommen vor allem Gemüse wie Lauch, Möhren, Spinat aber auch Sauerkraut in Frage. Kartoffeln, gekochte oder gekeimte Hülsenfrüchte, Fisch und Fleisch, Milchprodukte, Getreidemassen und Mischungen verschiedenster Art eignen sich ebenfalls gut. Besonders interessant und bunt wird das Ergebnis, wenn nebeneinander verschiedenfarbige Füllungen (z. B. Kohlrabi, Möhren, Spinat und rote Paprika) auf den Teig aufgetragen und dann eingerollt werden. Bei süßen Varianten sind besonders Strudel mit Früchten (Äpfel, Birnen, Pflaumen, Kirschen, Aprikosen, Beeren...) bekannt. Auch Getreide-, Nuss-, Mohn- oder Quarkmassen ergeben schmackhafte Füllungen.

Dünn ausrollen!

Stellen Sie sich für das Ausrollen alle Zutaten und Geräte bereit. Zunächst wird ein Strudeltuch – ein sauberes, trockenes Küchentuch von mindestens 50x70 cm Größe – gebraucht. Dieses Tuch auf der Arbeitsfläche ausbreiten und mit reichlich Vollkornmehl bestreuen. Lieber etwas mehr als zu wenig Mehl verwenden! Der Teig darf beim Ausrollen auf keinen Fall am Tuch festkleben. Strudelteig auf das Tuch geben und rundherum gut bemehlen. Achten Sie darauf, dass der Teig nach dem Ruhen als Ganzes auf das Tuch kommt und keinesfalls mehr geknetet wird – nur so lässt er sich wie gewünscht verarbeiten.

Nun mit der Teigrolle den Teig zuerst in die Länge und dann in die Breite ausrollen, bis möglichst das ganze Tuch von einer dünnen Teigschicht bedeckt ist. Zwischendurch sicherheitshalber überprüfen, ob die Streumehlmenge ausreicht und bei Bedarf nachmehlen. Zum Schluss können die Teigränder noch mit den Händen auseinander gezogen werden, um eine möglichst gleichmäßige Teigunterlage für die Füllung zu erhalten.

Sie können den Teig auch auf einer gut bemehlten Arbeitsfläche ausrollen. Während des Ausrollens sollten Sie ihn dann aber immer mal wieder hochheben und wenden. Zum Aufrollen des Teiges mit der Füllung legen Sie diesen dennoch besser auf ein bemehltes Tuch. Das erleichtert das Aufrollen.

Füllen

Jetzt etwa zwei Drittel der Teigfläche entlang der Längsseite (siehe auch Abbildung im Praxisteil Seite 85) dünn mit flüssiger Butter bestreichen und mit Vollkornbröseln bestreuen. Auf diese Fläche wird die Füllung dünn aufgetragen. Das restliche Drittel wird zuletzt aufgerollt, wodurch außen herum zwei bis drei Teigschichten zu liegen kommen und so der Strudel besser hält. Die Butter bildet eine wasserabweisende Schicht zwischen dem zarten Strudelteig und der meist feuchten Füllung. Die Brösel binden Feuchtigkeit und sorgen so zusammen mit der Butter dafür, dass der Teig nicht so leicht aufweicht und der Strudel auch dann hält, wenn er etwas länger auf dem Herd warten muss.

Strudelteig

Jetzt die Füllmasse dünn und gleichmäßig auf die mit Butter und Brösel vorbereiteten zwei Drittel der Teigfläche verteilen. Lassen Sie auch an den beiden Seiten einen kleinen Teigrand überstehen, den Sie vor dem Aufrollen des Strudels über die Füllung klappen können. Nach Möglichkeit sollte die Füllmasse nicht dicker als 3-5 mm aufgetragen werden, sonst wird der Strudel zu dick und reißt beim Einrollen und Backen leicht auf. Besser ist es, zwei dünnere als einen dicken Strudel herzustellen.

Vor dem Einrollen den an beiden Seiten überstehenden Teigrand – mit Hilfe des Tuches – über die Füllmasse klappen. Ebenso auch den Rand an der Seite, von der Sie mit dem Einrollen beginnen, überklappen. Nun das Tuch an den Ecken nehmen und mit Spannung hochheben, so dass sich der Teig mit Füllung langsam einrollt. Diesen Vorgang so lange fortsetzen, bis die gesamte Teigfläche eingerollt ist und die Rolle am hinteren Ende des Strudeltuches zu liegen kommt. Zwischendurch kann auch mit den Händen korrigiert werden, falls eine ungleichmäßige Rolle entstehen sollte. Schön straff wird der Strudel, wenn Sie das Tuch beim Einrollen ganz dicht über die einzurollende Teigfläche führen.

Aufs Blech und backen

Die Teignaht sollte auf dem Backblech unten liegen. Das geht am besten, indem Sie den Strudel erst einmal eine halbe Umdrehung zurückrollen (die Naht ist dann oben), das Tuch an beiden Strudelenden so halten, dass er in einer Tuchmulde zu liegen kommt, in der Sie ihn dann auf das Blech heben können. Nun brauchen Sie nur noch das Tuch unter dem Strudel herauszuziehen, dieser dreht sich dabei, und die Teignaht liegt unten. Wenn das Kunstwerk der Länge nach nicht aufs Blech passt, kann es auch z. B. in U- oder L-Form gelegt werden.

Vor dem Backen kann der fertige Strudel noch mit verdünnten Sauermilchprodukten (Buttermilch, Dickmilch...), Eimilch oder flüssiger Butter bestrichen werden. Dadurch wird das Backergebnis besonders knusprig und bräunt sehr schön. Strudel mit nicht allzu feuchter Füllmasse übersteht auch ungebacken problemlos einige Stunden. Er sollte dann aber abgedeckt und kühl gelagert werden.

Vielfältige Formen

Für „raffinierte" Aufläufe aus Strudelteig können Sie den dünn ausgerollten Teig leicht antrocknen lassen, in eine beliebige Form schneiden und abwechselnd mit verschiedenen „Füllungen" in eine Auflaufform schichten. Ein besonders interessanter Auflauf entsteht durch mehrere neben und übereinander gelegte dünne Strudel, die sogar mit verschiedenfarbigen Massen gefüllt sein können oder legen Sie einen dünnen Strudel schneckenförmig aufs Blech – das Ergebnis ist ein gefüllter Fladen.

Natürlich kann so mancher Strudel – mit geeigneter Füllung – auch im Dampf gegart werden (dämpfen). Oder lassen Sie ihn in heißem Gemüsefond gar ziehen (pochieren). Dickere Exemplare sollten dafür jedoch in ein Nesseltuch eingeschlagen werden. Eine passende Sauce dazu sollte nie fehlen. Sie rundet Ihr Meisterstück auf dem Teller farblich und geschmacklich ab und verleiht ihm eine harmonische Note.

Strudelteig

So gelingt's

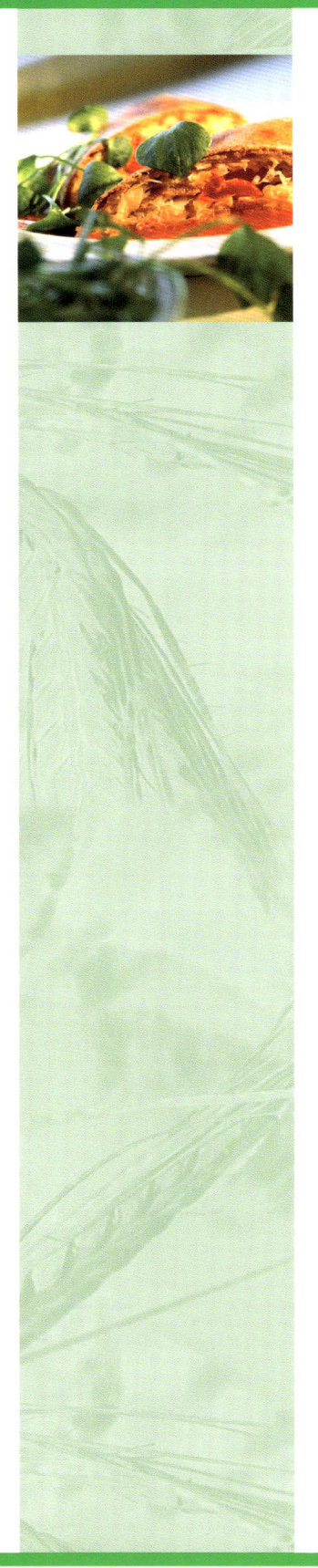

Das Grundrezept
200	g	Dinkel oder Weizen, sehr fein gemahlen
100	g	Wasser, 40 °C
2-3	El	Öl, nativ, kalt gepresst (20-30 g)
1	El	Essig oder Zitronensaft
¼	Tl	Salz

So wird der Teig gemacht:
1. Vollkornmehl, Wasser, Öl, Essig bzw. Zitronensaft und Salz in einer Schüssel miteinander vermischen, bis ein Kloß entsteht.
2. Diesen Kloß etwa 5 Minuten kneten, bis er glatt und geschmeidig ist und die Oberfläche leicht glänzt.
3. Den gekneteten Teig am Brett rollend zu einer Kugel formen („schleifen").
4. Mit Öl bepinseln und abgedeckt (mit Tuch, Schüssel oder Teig zwischen zwei Suppenteller legen) an einem warmen Ort etwa 30 Minuten ruhen lassen.

Das brauchen Sie zur Verarbeitung:
1	El	Öl, nativ, kalt gepresst, zum Bestreichen des Teiges
50	g	Vollkornmehl, fein gemahlen, als Streumehl
20	g	Butter, flüssig
50	g	Vollkornbrösel
5	g	Kokosfett, ungehärtet oder Butterschmalz, zum Bestreichen des Blechs evtl. Sauermilchprodukt, Eimilch oder flüssige Butter zum Bestreichen

Küchentuch (50x70 cm)
Teigrolle
Teigpinsel
Teigkarte
Backblech

Strudelteig

So wird gestrudelt:
1. Küchentuch ausbreiten und gut mit Streumehl bestäuben.
2. Den Teig darauflegen und rundum bemehlen.
3. Teig auf dem Tuch mit der Teigrolle sehr dünn ausrollen, bis er das Tuch bedeckt. Bei Bedarf nochmals nachmehlen.
4. Eventuell den Teig an den Rändern noch mit der Hand auseinander ziehen.
5. Zwei Drittel der Teigfläche dünn mit flüssiger Butter bestreichen und mit Vollkornbröseln bestreuen.
6. Die Füllmasse auf die mit Butter bestrichenen zwei Drittel des Teiges dünn verteilen und an beiden Seiten einen Teigrand (2-3 cm) überstehen lassen.
7. Seitlich überstehenden Teigrand mit Hilfe des Tuches über die Füllung klappen.
8. Teigrand am Strudelanfang ebenfalls über die Füllung klappen und von der mit Füllmasse bestrichenen Seite her – mit Hilfe des Tuches – aufrollen.
9. Den fertigen Strudel – mit Hilfe des Tuches – auf ein gefettetes Backblech legen. Die Strudelnaht sollte dabei unten zu liegen kommen.
10. Aufgerollten Strudel mit verdünntem Sauermilchprodukt, Eimilch oder flüssiger Butter bestreichen und im vorgeheizten Backofen bei 170-180 °C (Ober- und Unterhitze) etwa 30-40 Minuten backen. Eventuell 5-10 Minuten vor Ende der Backzeit noch einmal bestreichen – der Teig wird dann knusprig und schön braun.
11. Strudel nach dem Backen 5-10 Minuten etwas abkühlen lassen und erst dann portionieren. Dadurch lässt er sich besser schneiden und die Portionen zerfallen nicht so leicht.

Ein Loch im Teig – was tun?

Was tun, wenn trotz aller Vorsicht doch einmal ein Loch im Teig entstanden ist? Kein Malheur: Ziehen Sie an einer Ecke den Teig ein wenig über den Tuchrand hinaus, schneiden diesen überstehenden Teil mit einem scharfen Messer ab und kleben das Leck damit zu. Im aufgerollten Strudel ist dieser „Kunstgriff" dann nicht mehr zu erkennen.

Vollkornmehl – so fein wie möglich

Das Getreide für Strudelteig sollte so fein wie möglich gemahlen und die Arbeitstechnik auf das Vollkornmehl abgestimmt werden. So ist es für Vollkorn-Strudelteig günstig, ihn erst einmal so fein wie möglich auszurollen und erst dann – wenn überhaupt nötig – mit den Händen vorsichtig in die gewünschte Form zu ziehen. Das Aussieben der gröberen Mehlbestandteile ist nicht erforderlich. Bei Mühlen, die nicht so fein mahlen, empfiehlt es sich, das Getreide erst einmal mittelgrob zu schroten und dann diesen Schrot noch einmal bei feinster Einstellung zu mahlen. Das Mahlergebnis wird dann feiner, als dies mit nur einem Mahlgang möglich wäre. So führen die ersten Strudel-Abenteuer selbst für nicht Geübte zu erfreulichen Ergebnissen.

Sauerteig/Backferment

Mit Sauerteig und Backferment: Vollkornbrote selbst backen

Schon im alten Ägypten wurde die spontane Gärung von Getreide fürs tägliche Brot genutzt. Mit einfachen Mitteln und ein paar Tricks gelingen Sauerteig- und Backfermentbrote auch im Haushalt problemlos. Gesäuerte Brote bestechen durch ihren vollaromatischen herzhaften Geschmack, die gute Bekömmlichkeit und die lange Haltbarkeit. Außerdem lassen sich mit Hilfe von Sauerteig alle Getreidearten verbacken.

Lässt man ein Vollkornmehl-Wassergemisch im Verhältnis 1:1 im Warmen stehen, riecht dieser Teig schon nach einem Tag säuerlich. Bleibt er mehrere Tage hindurch unverändert stehen, so verändern sich die Mikroorganismen und Fäulnisbakterien gewinnen die Oberhand. Wird jedoch regelmäßig mit etwas Vollkornmehl und Wasser aufgefrischt, entwickelt und stabilisiert sich nach wenigen Tagen eine Gemeinschaft aus verschiedenen Mikroorganismen, wie sie im „Kultursauerteig" üblich ist.

Von spontaner Gärung zum Kultursauer

Bereits beim Verrühren von Wasser und Mehl beginnen die Getreideamylasen damit, Stärke zu Glucose abzubauen. Parallel dazu vermehren sich Mikroorganismen wie Milchsäurebakterien, die natürlicherweise besonders an den Randschichten des Getreides vorkommen, und vergären die Glucose zu Milchsäure (milchsaure Gärung). Durch diese Säuerung sowie das wiederholte Auffrischen mit Vollkornmehl und Wasser finden dann die verschiedenen Arten von Hefepilzen optimale Wachstumsbedingungen vor. Hefen vergären Glucose zu Alkohol und Kohlendioxid (alkoholische Gärung), welches hauptsächlich die Lockerung im Teig bewirkt. Gleichzeitig bilden sich eine Vielzahl von Aroma-, Geruchs- und Geschmacksstoffen.

Die relativ lange Teigführung ermöglicht ein vollständiges Ausquellen der Ballaststoffe und der Stärke. Das bringt Vorteile: Das Backwerk hält sich besonders lange frisch und in Verbindung mit der milden Säuerung ist es auch kaum anfällig gegen Schimmelbefall. Für die individuelle Bekömmlichkeit wirken sich die lange Teigführung, eine milde Säuerung und die „Vorarbeit" der Mikroorganismen ebenfalls günstig aus. Ganz wichtig sind auch die im Sauerteig entstehenden Schleimstoffe. Sie können das bei der alkoholischen Gärung frei werdende Kohlendioxid im Teig halten. Dadurch ist es möglich, selbst aus kleber- bzw. glutenfreiem Getreide ausreichend gelockertes Brot in ansprechender Qualität herzustellen.

Der Grundansatz

Zur Herstellung des Sauerteig-Grundansatzes bleibt ein Wasser-Vollkornmehl-Gemisch mehrere Tage abgedeckt bei Temperaturen um 30 °C stehen. Ab dem zweiten Tag wird täglich mit Vollkornmehl und Wasser aufgefrischt und so den Kleinstlebewesen Nahrung zugeführt. Dieses Auffrischen ist wichtig, damit sich ein optimales Verhältnis zwischen Hefen, Milchsäure- und Essigsäurebakterien einstellen kann. Nach drei- bis viermaligem Auffrischen haben sich auch die Hefepilze so stark vermehrt, dass der Grundansatz in den Ruhepausen sein Volumen verdoppelt. Er ist nun reif zum Ansetzen des Vorteiges. Die Zusammensetzung der Mikroorganismenflora im Grundansatz und im Sauerteig variiert von Ansatz zu Ansatz und ist u. a. von der Besiedelung an den Randschichten des verwendeten

Autor: Georg Berger

Sauerteig/Backferment

Getreides, den z. B. aus der Luft dazukommenden Mikroorganismen, der Häufigkeit der Auffrischung, der Teigtemperatur und dem Feuchtigkeitsgehalt abhängig. Um eine möglichst milde Säuerung zu unterstützen, ist die Zugabe eines Esslöffels Joghurt oder eines anderen Sauermilchproduktes als „Starterkultur" empfehlenswert. Ein bis zwei Esslöffel Honig und/oder ein Esslöffel Hülsenfruchtmehl (z. B. Vollsojamehl) wirken sich durch die verbesserte Nährstoffgrundlage ebenfalls günstig auf den Gärverlauf aus. Dieser Grundansatz, der aus einer Getreideart hergestellt wurde, kann ohne weiteres auch für Brot aus allen anderen Getreidearten und Mischungen verwendet werden.

Die richtige Temperatur

Die im Sauerteig erwünschten Mikroorganismen gedeihen optimal zwischen 25 und 35 °C. Diese Temperatur lässt sich im Backofen erreichen, wenn nur die Backofenlampe eingeschaltet wird. Wenn dies nicht geht (z. B. Gasherd), kann man auch neben oder auf der Heizung gute Bedingungen vorfinden oder eine eingeschaltete Glühbirne mit 20-25 Watt an einem Kabel in den Backofen legen und so über die Abwärme die Temperatur bei etwa 30 °C halten.

Überprüfen Sie die tatsächliche Temperatur! Die Mikroorganismen reagieren nämlich empfindlich auf allzu große Abweichungen vom Optimalbereich. Bei lange andauernden Temperaturen über 45 °C wird ihr Wachstum stark gehemmt und ab etwa 55 °C sterben sie ab. Andererseits verlangsamen zu niedrige Temperaturen die Entwicklung von Hefen und Milchsäurebakterien erheblich. Die eher unerwünschten Essigsäurebakterien hingegen fühlen sich bei Temperaturen um 15 °C erst so richtig wohl. Sauerteige sollten deshalb nicht unter 20 °C geführt werden. Bei Kühlschranktemperaturen (etwa 5 °C) wird es selbst den Essigsäurebakterien zu kühl – die Zusammensetzung der Mikroorganismen bleibt hier über Wochen hinweg relativ stabil. Auch mehrere Monate im Tiefkühler übersteht ein Sauerteig ohne größeren Schaden.

Was ist Backferment?

Backferment ist ein spezieller, standardisierter Sauerteig aus Weizen, Wasser, Honig und Erbsmehl, der als Trockengranulat auf den Markt kommt. Es wird im Naturkost- und Reformhandel angeboten. Dieses Backferment-Granulat muss nur noch über eine Zweistufenführung aktiviert werden, um einen besonders gäraktiven Backferment-Grundansatz zu erhalten. Das kann die Herstellung gesäuerter Brote im Haushalt wesentlich erleichtern, und die Gefahr von Fehlgärungen ist bei genauer Arbeit gleich null. Wer es sich besonders einfach machen möchte, kann auch den fertigen Grundansatz kaufen. Günstig ist das, wenn die für die Herstellung des Grundansatzes nötigen stabilen Temperaturbereiche nicht eingehalten werden können oder wenn erste Erfahrungen beim Backen von gesäuerten Broten gesammelt werden sollen. Für Zöliakie-Patienten ist auch ein glutenfreies Backferment erhältlich.

Sauerteig/Backferment

Für die eigentliche Teigbereitung sind viele verschiedene Verfahren bekannt. Mit einer „Einstufenführung" werden bei relativ geringem Zeitaufwand gute Ergebnisse erzielt. Zuerst wird aus Vollkornmehl, warmem Wasser und Grundansatz ein Vorteig hergestellt. Dieser bleibt 12-18 Stunden (meist über Nacht) bei etwa 30 °C abgedeckt stehen. Während dieser Ruhezeit vermehren sich die Mikroorganismen im Teig, er riecht angenehm säuerlich, das Volumen verdoppelt sich etwa und es bilden sich viele Gärbläschen. Der Vorteig ist nun reif für den Hauptteig: Warmes Wasser, Vollkornmehl, Salz, Gewürze und eventuell andere Zutaten werden dazu gemischt und etwa fünf Minuten kräftig durchgeknetet. Das geht am besten mit feuchten Händen in einer ausreichend großen Schüssel oder mit der Küchenmaschine. Danach abgedeckt bei ca. 30 °C aufgehen lassen (Grundgare) und nochmals gut zusammenkneten. Den Teig in eine mit ungehärtetem Kokosfett oder Butterschmalz gefettete Brot- bzw. Backform füllen und abgedeckt bei ca. 30 °C aufgehen lassen (Stückgare), bis sich das Volumen etwa verdoppelt hat und sich Poren an der Oberfläche bilden.

Backen

Angebacken wird im vorgeheizten Backofen bei 220 °C etwa 20 Minuten, fertig gebacken dann bei ca. 180 °C. Während des Backens ist es günstig, ein Gefäß mit kochendem Wasser in den Ofen zu stellen oder Dampfschwaden zu geben. Die Gehzeiten für die Grund- und Stückgare sind bei Backferment- und Sauerteigbroten unterschiedlich lang. Beachten Sie dafür bitte die Angaben im Praxisteil (Seite 89). Der Teig für gesäuerte Brote sollte recht feucht gehalten werden. Bewährt hat sich eine Flüssigkeitsmenge von ca. 75 % der Mehlmenge für freigeschobene Brote und Brötchen. Für Brot, das in der Form gebacken wird, kann ruhig etwas mehr Flüssigkeit genommen werden (bis 90 % der Mehlmenge).

Öfter einmal was Neues

Aus dem Grundrezept können die unterschiedlichsten Varianten abgeleitet werden. Das Getreide ist nach Lust und Laune austauschbar: Vom reinen Weizensauerteigbrot bis hin zum Maisbrot ist alles möglich. Um optimale Backeigenschaften zu erreichen, sollte jedoch nach Möglichkeit ein Drittel des Getreides aus Weizen oder die Hälfte aus Roggen bestehen. Etwa ein Drittel des Getreides kann auch grober geschrotet werden. Verschiedene interessante Abwandlungen entstehen durch Nüsse, Ölsaaten oder Getreideflocken, Käse, Keimlinge oder geraffeltes Gemüse. Bis zu 20 % der Getreidemenge kann durch solche Zutaten problemlos ersetzt werden.

Immer wieder neue Geschmacksrichtungen ergeben sich auch durch Kräuter, Gewürze oder natives, kalt gepresstes Öl. Das Wasser für den Hauptteig kann durch Sauermilchprodukte, Gemüsebrühe oder zum Teil auch einmal durch Gemüse- oder Fruchtsaft ausgetauscht werden. Selbstverständlich ist auch eine süßliche Richtung mit eingeweichten Trockenfrüchten, Nüssen, weniger Salz und etwas Honig möglich.

Sauerteig/Backferment

So gelingt's

Sauerteig-Grundansatz
- Führung über fünf Stufen -

1. Stufe   **1. Tag abends**
- 50 g   Roggen, fein gemahlen
- 100 g   Wasser, 40 °C
- 1 El   Joghurt oder anderes Sauermilchprodukt
- 1 El   Roggen, fein gemahlen

Alle Zutaten miteinander verrühren, einen El Vollkornmehl darüber streuen und gut abgedeckt bei etwa 30 °C stehen lassen.

2. Stufe   **2. Tag abends**
- 50 g   Wasser, 40 °C
- 50 g   Roggen, fein gemahlen
- 1 El   Roggen, fein gemahlen

Wasser und Vollkornmehl untermischen, mit Vollkornmehl bestreuen und gut abgedeckt bei etwa 30 °C stehen lassen.

3. Stufe   **3. Tag morgens**
wie 2. Stufe

4. Stufe   **3. Tag abends**
wie 2. Stufe

5. Stufe   **4. Tag morgens**
- 200 g   Roggen, fein gemahlen

Roggenvollkornmehl untermischen und gut abgedeckt bei etwa 30 °C stehen lassen.

4. Tag abends

Der Sauerteig-Grundansatz sollte jetzt kräftig gären und mild säuerlich riechen.
In einem Schraubglas gekühlt aufbewahrt, ist dieser Grundansatz problemlos mehrere Monate haltbar. Das Glas nur etwa zur Hälfte füllen, weil der Grundansatz im Kühlschrank oft noch aufgeht.

Zwiebel tut gut

Bei der Zubereitung des Sauerteig-Grundansatzes ist es günstig, nach jedem Auffrischen eine frische Scheibe Zwiebel auf den Teig zu legen. Die ätherischen Öle der Zwiebel wirken antimikrobiell und helfen so, Fehlgärungen zu vermeiden. Vor dem neuerlichen Auffrischen des Ansatzes die Zwiebelscheibe entfernen.

Sauerteig/Backferment

Backferment-Grundansatz
– Führung über zwei Stufen –

1. Stufe **1. Tag abends**
- 100 g Wasser, 40 °C
- 10 g   Backferment-Granulat
- 100 g Weizen, fein gemahlen

Alle Zutaten miteinander verrühren und gut abgedeckt bei etwa 30 °C gehen lassen.

2. Stufe **2. Tag morgens**
- 100 g Wasser, 40 °C
- 200 g Weizen, fein gemahlen

Wasser und Vollkornmehl zur 1. Stufe geben, gut verrühren und 10-15 Stunden gut abgedeckt bei etwa 30 °C gehen lassen.

Reif ist der Grundansatz, wenn sein Volumen etwa auf das Dreifache aufgegangen ist. In einem Schraubglas gekühlt aufbewahrt, ist dieser Grundansatz problemlos mehrere Monate haltbar. Das Glas nur etwa zur Hälfte füllen, weil der Teig im Kühlschrank oft noch aufgeht.

Vorteig für Sauerteig-Brot
- 50 g   Sauerteig-Grundansatz
- 250 g Wasser, 40 °C
- 250 g Getreide, fein gemahlen

Alle Zutaten miteinander verrühren und gut zugedeckt 12-18 Stunden bei etwa 30 °C ruhen lassen. Der Teig darf nicht austrocknen.

Vorteig für Backferment-Brot
- 1 El   Backferment-Grundansatz
- 1 Tl   Backferment-Granulat
- 250 g Wasser, 40 °C
- 250 g Getreide, fein gemahlen

Grundansatz und Backferment in Wasser auflösen, Vollkornmehl unterrühren und zugedeckt 12-18 Stunden bei etwa 30 °C ruhen lassen. Der Teig darf nicht austrocknen.

Sauerteig/Backferment

Hauptteig für Sauerteig- und Backferment-Brot

250	g	Wasser, 40 °C
10	g	Salz
200	g	Getreide, fein gemahlen
200	g	Weizen, fein gemahlen
1-3	El	Brotgewürz nach Geschmack
		Brotform/Kastenform
		Kokosfett, ungehärtet oder Butterschmalz
		Vollkornmehl oder Ölsaaten zum Ausstreuen der Form

So wird das Brot gebacken:

1. Wasser und Salz mit dem reifen Vorteig verrühren.
2. Vollkornmehl und Gewürze dazurühren und in einer großen Schüssel mit feuchten Händen etwa fünf Minuten kräftig durchkneten.
3. Zugedeckt bei etwa 30 °C gehen lassen.
   Für Sauerteig: 90-120 Minuten,
   für Backferment: 60 Minuten
4. Teig noch einmal kurz durchkneten und in die gefettete und ausgestreute Brot- oder Kastenbackform füllen.
5. Bei etwa 30 °C nochmals gehen lassen, bis sich das Volumen verdoppelt hat und sich Poren an der Oberfläche bilden.
   Für Sauerteig: 90-120 Minuten,
   für Backferment: 60-80 Minuten
6. Backofen auf 220 °C (Ober- und Unterhitze) vorheizen. Während des Backens eine Schale mit kochendem Wasser in den Backofen stellen oder Dampfschwaden geben.
7. Im vorgeheizten Backofen etwa 30 Minuten bei 220 °C (Ober- und Unterhitze) anbacken und weitere 30 Minuten bei ca. 170 °C fertigbacken.

Durchgebacken ist das Brot, wenn es beim Klopfen auf die Unter- oder Oberseite hohl klingt (Klopfprobe).

Der Vorteig gärt nicht richtig – Was tun?

Vielleicht war die Stehzeit zu kurz – insgesamt bis zu 18 Stunden kann er gut vertragen. Gärt er immer noch nicht genug, riecht aber schön sauer, kann das Brot gerettet werden, indem 20 g Bäckerhefe – in wenig Wasser aufgelöst – dem Teig beigemengt werden. Anschließend den Hauptteig laut Rezept zubereiten.
Oder den Vorteig als Grundansatz verwenden, mit noch einmal der gleichen Menge Mehl und Wasser auffrischen, wie gewohnt gehen lassen und dann den doppelten Hauptteig zubereiten.

Pfannkuchen

Kurz gerührt und schnell gebacken: Pfannkuchen

Das Rezept ist einfach, die Wirkung groß. Mehl, Flüssigkeit und Eier sind die Grundlage für viele leckere Gerichte. In der Pfanne gebacken entstehen daraus bekannte Spezialitäten wie Crêpes, Pfannkuchen, Buchweizenblinis oder Kaiserschmarren. Aber auch als schmackhafte Umhüllung für zarte Gemüse und süße Früchte sind Backteige ein Genuss.

Weizen und Dinkel eignen sich besonders gut für die Zubereitung von Backteigen. Durch den hohen Klebergehalt dieser Getreidearten bindet der Teig auch ohne Eizugabe. Bei eifreien Teigen ist es vorteilhaft, wenn etwa 30 Prozent der Gesamtmehlmenge aus Weizen oder Dinkel bestehen. Backteige ohne Eier gelingen aber auch mit reinem Buchweizen-, Gersten- und Roggenvollkornmehl. Die Bindungsfähigkeit kann noch durch ein bis zwei Esslöffel Vollsojamehl oder Kichererbsenmehl pro Rezept unterstützt werden. Kichererbsenmehl verleiht dem Teig eine schöne gelbe Farbe, ähnlich wie bei einem Teig mit Eiern. Werden bei der Teigherstellung Eier verwendet, können alle Getreidearten zu Pfannkuchen verbacken werden. Lediglich Hafer eignet sich nur bedingt für Backteige, weil bei längerer Quellzeit durch hafereigene Enzyme Fettsäuren verändert werden, wodurch der Teig dann bitter schmecken kann. Durch kurzes Andarren (trockenes Erhitzen der ganzen Körner) vor dem Mahlen können diese fettspaltenden Enzyme jedoch inaktiviert werden.

Teig quellen lassen

Für Backteige aus Vollkornmehl ist eine ausreichend lange Quellzeit von mindestens 30 Minuten besonders wichtig. Ballaststoffe sowie verschiedene Eiweiß- und Stärkebestandteile des Vollkornmehles binden dabei Flüssigkeit, quellen auf und bewirken eine sämige, gleichmäßige Teigstruktur. Dadurch wird der Teig geschmeidiger und es wird verhindert, dass der Pfannkuchen beim Ausbacken reißt.

Während des Backens verkleistert die Stärke und die Eiweiße aus Getreide, Milch und Eiern denaturieren. Durch diesen Vorgang entstehen dünne, reißfeste und doch elastische Fladen. Gleichzeitig baut sich beim Ausbacken ein kleiner Teil der Stärke ab, was zusammen mit verschiedenen Röststoffen (Bräunung) den für Backteige charakteristischen Geschmack ergibt.

Die Quellzeit hat zudem einen positiven Einfluss auf die Verfügbarkeit der im Vollkornmehl enthaltenen Mineralstoffe. Durch die Feuchtigkeit werden mehleigene Enzyme wie die Phytase aktiviert. Diese baut die Komplexe aus Phytinsäure und Mineralstoffen im Getreide zum Teil ab, wodurch die Mineralstoffe wieder frei werden und im menschlichen Verdauungstrakt besser aufgenommen werden können.

Ausbackteige sollten nur so lange gerührt werden, bis die Zutaten gut miteinander vermischt sind. Durch übermäßig langes Rühren können vor allem Teige mit kleberhaltigen Getreidearten wie Weizen und Dinkel leicht zäh werden. Sie fließen dann in der Pfanne nicht mehr so gleichmäßig auseinander und sind somit schwieriger weiterzuverarbeiten.

Autor: Georg Berger

Pfannkuchen

Für den klassischen Pfannkuchenteig wird meistens Vollmilch verwendet. Sie enthält neben Wasser hauptsächlich Eiweiße, Milchzucker und Fett. Die Eiweiße und das Milchfett wirken sich günstig auf die Teigbeschaffenheit, die Backeigenschaften und den Geschmack aus. Durch den Milchzucker erhält der Backteig eine leicht süßliche Note. Prinzipiell können jedoch auch Wasser, Gemüsebrühe, Obstsäfte, gesäuerte Milchprodukte oder sogar Bier und Wein dafür verwendet werden. Eier bewirken durch ihren Eiweiß-, Fett- und Lecithingehalt, dass das Backergebnis elastisch und reißfest wird. Wenn das Eiweiß geschlagen und unter den Teig gehoben wird, trägt es zusätzlich zur Lockerung bei. Die Verwendung von Eiern ist zur Backteig-Zubereitung allerdings nicht unbedingt erforderlich.

Eine Lockerung des Teiges können Sie bei der eifreien Variante erreichen, wenn Sie einen Teil der Flüssigkeit durch kohlensäurereiches Mineralwasser ersetzen.

Die Konsistenz muss stimmen

Die Konsistenz des Teiges bestimmt das Backergebnis. Damit Pfannkuchen hauchdünn, aber doch so fest werden, dass sie gefüllt werden können, ohne zu zerreißen, sollte der Ausbackteig eher dünnflüssig sein. Da sich bei längerem Stehen lassen leicht Mehlbestandteile am Gefäßboden absetzen, ist es günstig, den Teig während des Ausbackens öfter aufzurühren.

Für dickere Fladen oder eine knusprige Hülle, z. B. um Gemüse oder Früchte, sollte der Teig dickflüssig sein. Für solche Teige ist eine zusätzliche Lockerung von Vorteil. Das kann z. B. durch die Verwendung von kohlensäurehaltigem Mineralwasser oder den Zusatz von etwas Backhefe (Blinis) bzw. Backpulver im Teig geschehen. Wenn Eier mitverarbeitet werden, kann der Teig optimal durch geschlagenes Eiweiß, das unmittelbar vor dem Ausbacken unter den Backteig gehoben wird, gelockert werden.

In Backteig gehüllt

Außer zur Herstellung von Pfannkuchen kann Backteig auch zur Umhüllung von verschiedenen Lebensmitteln verwendet werden. Zum Ausbacken in Teig eignen sich viele Gemüsearten, Früchte, Hartkäse, Pilze, Fleisch und Fisch oder auch einmal Blätter bzw. Blüten von Kräutern z. B. Salbeiblätter oder Holunderblüten. Lebensmittel mit einer üblichen Garzeit von bis zu fünf Minuten z. B. Auberginen oder Zucchini können roh verwendet werden. Andere Gemüsearten wie Blumenkohlröschen oder Selleriescheiben sollten vorher gedämpft oder gedünstet werden.

So bleibt der Backteig haften

Damit der Backteig gut haften bleibt, sollte das gewürzte Backgut in Vollkornmehl gewälzt werden. Anschließend das Backgut so durch die Teigmasse ziehen, dass rundherum eine dicke Teigschicht haften bleibt. Das so umhüllte Stück kann jetzt langsam mit wenig ungehärtetem Kokosfett oder Butterschmalz in der Pfanne auf beiden Seiten goldbraun gebacken werden, bis es gar ist.

Sie können die Backstücke auch auf ein mit ungehärtetem Kokosfett oder Butterschmalz ausgefettetes oder mit Backpapier ausgelegtes Backblech legen und im Backofen bei 200 °C ca. 10-15 Minuten backen. Das Backblech sollte sofort in den vorgeheizten Ofen geschoben werden, damit der Backteig nicht wieder vom Gargut runterlaufen kann. Damit die Backlinge schön gleichmäßig garen, sollten sie zwischendurch umgedreht werden.

Pfannkuchen

Eine weitere Möglichkeit ist, das mit Backteig umhüllte Gargut in Fett schwimmend auszubacken. Die Teigkruste wird dabei besonders knusprig, saugt aber auch beträchtliche Mengen an Fett auf. Deshalb sollte diese Garmethode eine Ausnahme bleiben.

Süß oder pikant?

Zur geschmacklichen Abrundung sollte allen Backteigen immer eine Prise Salz zugefügt werden. Die angegebenen Grundrezepte sind neutral gehalten. Das heißt, dass sie sich gleich gut für süße wie auch für pikante Gerichte eignen. Durch unterschiedliche Teigzutaten und Ergänzungen können diese Grundrezepte beliebig in beide Geschmacksrichtungen abgewandelt werden.

Für die süße Richtung eignen sich Zutaten wie Honig, Dicksäfte und Vollrohrzucker sowie Gewürze wie Zimt, Vanille oder Ingwer und die abgeriebene Schale von ungespritzten Zitrusfrüchten. Auch Fruchtsäfte als Flüssigkeit, pürierte bzw. geriebene Früchte oder Nüsse können die süße Geschmacksrichtung unterstützen.

Eine pikante Note geben Sie Ihren Pfannkuchen durch die Zugabe von Pfeffer, Muskat, Koriander, Senf, Tomatenmark bzw. gehackten Kräutern. Oder verwenden Sie statt Milch einmal Gemüsebrühe oder Bier als Flüssigkeit. Natürlich eignen sich auch geriebener Käse, fein geriebenes und gedünstetes Gemüse oder Ölsaaten für herzhafte Pfannkuchen.

Frittaten, Aufläufe und anderes

Aus Backteig lassen sich viele verschiedene Gerichte zubereiten. Dünne Pfannkuchen können mit pikanten Füllungen aus Gemüse, Hülsenfrüchten, Milchprodukten oder Hackfleisch verfeinert werden. Für süße Füllungen sind Fruchtaufstriche, Quark, Fruchtsalat, Nüsse u. a. geeignet. Pfannkuchen können auch zu lasagneähnlichen Aufläufen geschichtet oder gerollt, gefüllt und überbacken werden – ähnlich wie Canneloni. Mit Kräuterquark gefüllt wird aus den dünnen Fladen eine kalte Vorspeise; in feine Streifen geschnitten als Flädle bzw. Frittaten schmecken sie als Suppeneinlage.

Backteige von dickflüssiger Konsistenz eignen sich nicht nur als Umhüllung für allerlei Backgut. Auch lockere Fladen oder Waffeln können daraus gebacken werden. Nicht zuletzt können aus der dickeren Backteigvariante auch süße und pikante souffléartige Zubereitungen hergestellt werden. Spezialitäten wie der Kaiserschmarren sind ebenfalls davon abgeleitet.

Pfannkuchen international

Crêpes sind hauchdünne, französische Pfannkuchen, die meist durch ein wenig Sahnezusatz und einen relativ hohen Eianteil im Teig ergänzt werden. In der Bretagne werden sie traditionell mit 50 % Buchweizenmehl hergestellt (Galette). Palatschinken sind ebenfalls dünne, im Original besonders große Pfannkuchen, die im österreichisch-ungarischen Raum beheimatet sind und üblicherweise mit süßer Fruchtfüllung verzehrt werden. Blinis sind eine russische Spezialität, bei der der Pfannkuchenteig mit Hefe und geschlagenem Eiweiß gelockert wird. Meist werden Blinis mit Fleisch, Gemüse oder süßem Quark gefüllt.

Pfannkuchen

So gelingt's

Pfannkuchen
Grundrezept

150	g	Getreide, fein gemahlen
1	Pr.	Salz
		evtl. Gewürze
300	ml	Vollmilch oder eine andere Flüssigkeit
1		Ei, bzw. 1-2 El Vollsoja- oder Kichererbsenmehl für die eifreie Variante
		Kokosfett, ungehärtet, oder Butterschmalz zum Ausbacken

Das Rezept reicht für etwa 8 Pfannkuchen mit ca. 20 cm Durchmesser.

Backteig
Grundrezept

150	g	Getreide, fein gemahlen
1	Pr.	Salz
		evtl. Gewürze
150	ml	Vollmilch oder eine andere Flüssigkeit (evtl. bis 200 ml)
1-2		Eigelb
1-2		Eiweiß
		Kokosfett, ungehärtet, oder Butterschmalz zum Ausbacken

So wird's gemacht:
1. Vollkornmehl mit Salz und Gewürzen vermischen.
2. Vollmilch bzw. Flüssigkeit einrühren, bis ein glatter Teig entstanden ist.
3. Ei bzw. Eigelb untermengen.
4. Abgedeckt etwa 15-30 Minuten quellen lassen.

Für den Pfannkuchen:
5. Flache Pfanne erhitzen und dünn mit dem Fett auspinseln.
6. Etwa 50 g Teig in die Pfanne geben und unter Schwenken zu einem dünnen Fladen zerfließen lassen bzw. dünn verstreichen.
7. Goldbraun anbacken, wenden und fertigbacken.

Für den Backteig:
5. Eiweiß steif schlagen und erst kurz vor der Weiterverarbeitung unter den Teig heben.
6. Flache Pfanne erhitzen und mit dem Fett auspinseln bzw. Backblech mit Backpapier auslegen.
7. Backgut (z. B. Gemüse, Früchte) würzen, in fein gemahlenem Vollkornmehl wälzen und dann durch den Backteig ziehen, so dass es rundherum mit einer dicken Teigschicht überzogen ist.
8. a) Backgut in der Pfanne goldbraun anbacken, wenden und weiterbacken, bis auch diese Seite goldbraun ist.
   b) Backgut auf das vorbereitete Blech legen und im vorgeheizten Backofen bei 200 °C (Ober- und Unterhitze) je nach Größe der Stücke etwa 10-15 Minuten backen. Zwischendurch evtl. wenden.

Pfannkuchen

Kaiserschmarren
für eine Haupt- oder vier Nachspeiseportionen

100	g	Weizen, fein gemahlen
1	Pr.	Salz
1	Pr.	Naturvanille
1	Pr.	Zimt
¼	Tl	Zitronenschale, gerieben
150	ml	Vollmilch
50	g	Honig
1-2		Eigelb
1-2		Eiweiß
1-2	El	Rosinen, eingeweicht und abgetropft
1-2	El	Mandeln, gehackt
		Kokosfett, ungehärtet oder Butterschmalz zum Ausbacken

So wird's gemacht:
- Vollkornmehl mit Gewürzen vermischen, Vollmilch und Honig einrühren, bis ein dickflüssiger, glatter Teig entstanden ist.
- Eigelb untermengen und abgedeckt etwa 15-30 Minuten quellen lassen.
- Kurz vor dem Ausbacken Eiweiß steif schlagen und unter den Teig heben.
- Eine flache Pfanne erhitzen, mit Kokosfett oder Butterschmalz auspinseln und Teig 1-2 cm dick hineingießen.
- Bei kleiner bis mittlerer Hitzezufuhr goldbraun anbacken, wenden und auch auf der anderen Seite goldbraun backen.
- Der Teig geht besonders gut auf, wenn die Pfanne während des Backens mit einem passenden Deckel abgedeckt wird.
- Gebackenen Teig in etwa 1-2 cm große Stücke zerreißen (z. B. mit zwei Gabeln), Rosinen und Mandeln dazugeben, kurz weiterbacken (2-3 Minuten) und anrichten.

Dazu passt gut Kompott von z. B. Äpfeln, Rhabarber oder Kirschen, oder servieren Sie den Kaiserschmarren mit einer Fruchtsauce aus Beeren.

Nudelteig

Teigwaren selbst genudelt: Nudelteig

Frische, hausgemachte Teigwaren stehen immer hoch im Kurs: ob als Suppeneinlage oder kleiner Zwischengang im Menü, als herzhafter Auflauf oder leckerer Nudelsalat. Ja sogar zum Dessert können Sie zu Nudeln – kombiniert z. B. mit Früchten – bitten. Wählen Sie für Ihr Selbstgenudeltes aus dem großen Spektrum an Teigzutaten und Füllungen aus - ganz nach eigenem Gusto!

Grundzutaten für einen Nudelteig sind Getreide, Salz, Wasser, ein wenig Öl und eventuell Eier sowie würzende und farbgebende Zutaten. Verwandte der Nudeln sind Spätzle und Strudel, die aus den gleichen Zutaten hergestellt werden. Beide Teige werden etwas feuchter gehalten.

Hart- oder Weichweizen – mit oder ohne Ei?

Alle Getreidearten sowie auch Buchweizen, Quinoa oder Amaranth können Sie als Nudeln zu Tisch bringen. Damit Ihre Pasta beim Kochen zusammenhält, sollten Sie den Teig entweder mit Eiern oder mit kleberreichem Getreide (Weizen, Dinkel oder Hartweizen) herstellen. Die Klebereiweiße bilden beim Kneten ein dehnbares, netzartiges Gerüst, in dem die Stärkekörner fest eingeschlossen werden. Das in Eiern enthaltene Lecithin wirkt als Emulgator und sorgt so – zusammen mit Eiweißen und Kohlenhydraten – für die Bindung beim Kochen. Mit Hartweizen (auch Durum-Weizen genannt) lässt sich's besonders gut nudeln - er enthält sehr viel und hochwertigen Kleber. Außerdem verkleistert die Hartweizenstärke erst bei höheren Temperaturen als die von Weichweizen und die Struktur der Stärkekörner ist ideal für die Teigwarenherstellung. Beides bewirkt eine besonders gute Stabilität beim Kochen. Eine Besonderheit von Hartweizen ist seine gelbliche Farbe, die durch den hohen Carotinoidgehalt hervorgerufen wird.

Auf Seite 100 finden Sie zwei Grundrezepte, eines mit Weizen und Eiern und eine eifreie Variante, für die Sie am besten Hartweizen verwenden. Für hausgemachte eihaltige Nudeln empfehlen wir, zu etwa einem Drittel der Getreidemenge Weizen, Dinkel oder Hartweizen zu verwenden, bei eifreien Nudeln sollten dies etwa zwei Drittel sein.

Flüssigkeit

Etwas Flüssigkeit gehört immer in den Teig, damit die Klebereiweiße quellen können. Die Menge ist abhängig von der Art und dem Feinheitsgrad des verwendeten Mehls, von der Anzahl der Eier und von der Zugabe anderer Zutaten mit hohem Flüssigkeitsgehalt (z. B. Spinat- oder Tomatenpüree). Der Gesamtflüssigkeitsgehalt eines Nudelteiges sollte etwa 20-30 % betragen. Übrigens: Hartweizennudeln gelingen mit ca. 80 °C heißem Wasser besonders gut.

Eine Prise Salz

Etwas Salz rundet auch bei Teigwaren für süße Gerichte den Geschmack ab und verbessert die Ausbildung des Klebergerüstes. Wenn Salz einige Stunden vor der Teigbereitung mit den Eiern verquirlt wird, verstärkt es die Farbwirkung des Eigelbes.

Die Zugabe von etwas Öl ist nicht unbedingt erforderlich, für die haushaltsmäßige Nudelherstellung aber empfehlenswert: Öl verbessert die Geschmeidigkeit des Teiges und erleichtert die Verarbeitung. Beachten Sie den oft intensiven Geschmack

Autorin: Petra Isberner

Nudelteig

nativer, kalt gepresster Öle: Olivenöl verträgt sich meist gut mit Pikantem und Sonnenblumenöl passt auch zu süßen Nudelgerichten.

Die Zutaten werden zunächst gemischt und – sobald der Teig einen einheitlichen Kloß bildet – etwa fünf Minuten lang geknetet – bei größeren Mengen eventuell mit einer Küchenmaschine. Dabei soll er glatt und elastisch werden. Der geknetete Teig braucht dann mindestens 30 Minuten Ruhe, damit sich der Kleber wieder entspannt und der Teig besser ausrollbar wird. Die Ruhezeit kann auch bis zu einem Tag dauern. Dabei sollte die Teigoberfläche nicht austrocknen, also gut zudecken und den Teig feucht halten (z. B. mit einem feuchten Tuch) oder mit ein wenig Öl bepinseln.

Nudeln von Format

Kleinere Teigportionen werden nach der Ruhezeit mit einem Nudelholz und ein wenig Streumehl sehr dünn ausgerollt. Das anschließende Schneiden wird erleichtert, wenn die Teigplatten vorher einige Minuten antrocknen können – nicht zu lange, sonst brechen sie leicht. Schneiden Sie den Teig mit einem Messer, Teigrädchen oder der Nudelmaschine.

Größere Teigplatten für z. B. Lasagne können gleich der Form und Größe der Auflaufform angepasst werden. Einfach zu schneiden sind Bandnudeln oder „Fleckerl" (Rauten, Rechtecke oder Quadrate). Mit einem Plätzchenausstecher gibt es weitere Formen aller Art. Recht einfach sind noch Schleifen. Hierzu kleine Rechtecke ausschneiden und in der Mitte zusammendrücken. Die fertigen Nudeln sollten Sie am besten einige Stunden oder sogar 1-2 Tage trocknen lassen. Die Nudeln sind dann kochstabiler und das Ergebnis ist nicht so schleimig.

Cannelloni, Ravioli und Tortellini

Die ausgerollten Teigplatten für gefüllte Nudeln sollen nicht erst antrocknen, sondern werden gleich – am einfachsten in Rechtecke, Rauten oder Quadrate – geschnitten oder zu Kreisen ausgestochen. Nun die Füllung draufgeben, Ränder mit Wasser oder verquirltem Eiweiß bestreichen und zusammenklappen oder eine zweite Teigscheibe drauflegen. Die Ränder gut andrücken, eventuell noch mit einem Teigrädchen beschneiden oder mit Gabelzinken einkerben. Große Quadrate oder Rechtecke mit etwa 15 cm Länge können für Aufläufe mit Füllung belegt aufgerollt werden - Fertig sind die Cannelloni. Ravioli entstehen aus zusammengeklappten Rechtecken; Tortellini aus Kreisen, die halbmondartig zusammengeklappt werden. Die Spitzen werden ringförmig zusammengelegt, wobei sich der Rand etwas hochbiegt.

Gekonnt garen

Alle Teigwaren werden am besten in leicht gesalzenem Wasser bissfest gegart. Geben Sie die Nudeln in die fünf- bis zehnfache Menge sprudelnd kochendes Wasser und rühren Sie gleich um, damit nichts am Topfboden kleben bleibt. Nach etwa zweiminütigem Kochen den Topf von der Kochstelle nehmen und die Nudeln bis zum gewünschten Garpunkt nachziehen lassen. Teigwaren von festerer Konsistenz (aus Hartweizen bzw. industriell gefertigte) können besonders nährstoff- und energiesparend in nur etwa der doppelten Flüssigkeitsmenge – bezogen auf das Trockengewicht – gegart werden. Die Nudeln nehmen dabei die gesamte Wassermenge auf und bleiben trotzdem bissfest. Frische Pasta sind je nach Dicke in

Nudelteig

2-5 Minuten tischfertig, getrocknete brauchen etwas länger. Gießen Sie nach dem Garen direkt etwas kaltes Wasser in den Nudeltopf (Abschrecken). Der Garprozess wird durch die Abkühlung gestoppt. Sollen die Nudeln erst später auf den Tisch kommen, so empfiehlt sich kaltes Abspülen und kurzes Schwenken in Öl oder Butter, damit sie nicht zusammenkleben. Übrigens brauchen Nudeln für Aufläufe nicht vorgegart werden, wenn die Zutaten ausreichend Flüssigkeit enthalten (Sauce) und die Garzeit lang genug ist.

Partner fürs Nudelgericht

Teigwaren schmecken bereits mit Butter und ein wenig geriebenem Käse oder auch mit Knoblauch und Olivenöl serviert ganz ausgezeichnet. Frische Kräuter sind immer geschätzte Begleiter zur Pasta, z. B. als Kräuterbutter oder frische Kräutersauce wie Pesto, eine Paste aus frischem Basilikum, Knoblauch, Pinienkernen, Olivenöl und Parmesan. Die richtige Sauce rundet den Nudelschmaus harmonisch ab: Wie wär's mit Gorgonzolasauce mit Walnüssen, der allseits beliebten Tomatensauce einmal mit Schafskäse und Oliven oder einer Austernpilz-Sahnesauce mit Schnittlauch? Lassen Sie Ihre Phantasie spielen, wenn Sie verführerische Gemüseragouts zu Nudeln kreieren, z. B. eine herzhafte Ratatouille, kräftiges Wurzelgemüse mit roter Bete-Sauce, zarte Zucchini mit Sahne-Kräutersauce oder eine bunte Nudelpfanne mit Sprossen. Oder stapeln Sie einmal hoch: Teigplatten zu einer köstlichen Linsen-Wirsing-Lasagne mit Sonnenblumenkernen. Auch Obst macht sich gut mit Nudeln: Probieren Sie einmal eine frische Apfel-Nuss-Sauce oder einen Auflauf mit Aprikosen, Quark und Mohn.

Gut gefüllt

Die Zutaten für die Füllungen sollten sehr fein gehackt oder püriert werden und relativ trocken sein, damit sie beim Garen nicht aus ihrer Hülle austreten. Gefüllte Nudelkreationen wollen in siedender Flüssigkeit gar ziehen und nicht zu heftig kochen. Überraschen Sie Ihre Nudelfans mit delikaten Füllungen: Frischkäse-Lauch-, Champignon-Paprika-, Brokkoli-Mandel- oder Kartoffel-Zwiebel-Füllung. Ein Hochgenuss ist eine große, gefüllte Rolle aus Nudelteig. Sie wird in ein Nesseltuch eingebunden und am besten in einem länglichen Topf gegart. Gefüllt mit z. B. Spinat oder Mangold und zu Tomatensauce serviert, begeistert sie jeden.

Nudeln aus der Walze

Die Zubereitung von Teigwaren per Hand bei Rezeptmengen für die Familie ist kein Problem – zeitaufwändig ist sie mit einer Maschine ebenso. Handbetriebene Nudelmaschinen enthalten zum Ausrollen des Teiges meist ein Paar glatter Walzen, deren Abstand schrittweise verstellt werden kann. Außerdem gibt es Schnittwalzen, mit denen Bandnudeln oder auch Ravioli geformt werden können. Außer den Walzengeräten gibt es auch elektrische Nudelmaschinen, die den Teig durch Lochscheiben in verschiedene Formen pressen.

Nudelteig

So gelingt's

Nudelteig – mit Ei
Grundrezept

250	g	Weizen (besser: Hartweizen)
2	El	Öl, nativ, kalt gepresst
1		Ei
1	Pr.	Salz
50-80	g	Wasser (bei Hartweizen ca. 80 °C warm)
		etwas Vollkornmehl als Streumehl

Einfacher gelingt der Nudelteig mit Ei, aber stellen Sie doch auch einmal einen Nudelteig ohne Ei her. Dieser wird gerade bei Lasagne & Co. nicht so leicht matschig.

Nudelteig – ohne Ei
Grundrezept

250	g	Hartweizen, sehr fein gemahlen
2	El	Öl, nativ, kalt gepresst
1	Pr.	Salz
120-150	g	Wasser (ca. 80 °C)
		etwas Mehl als Streumehl

Statt mit Weizen oder Hartweizen können Sie den Nudelteig auch mit anderen Getreidearten herstellen. Achten Sie dabei aber darauf, dass Sie bei der Variante mit Ei mindestens ein Drittel Weizen, Dinkel oder Hartweizen verwenden, bei der Ei-freien Variante sollten diese Getreidearten etwa zwei Drittel ausmachen.

So wird genudelt:
1. Vollkornmehl mit Öl, gegebenenfalls Ei, Salz und Wasser vermischen.
2. Teig etwa fünf Minuten kneten, bis er fest, glatt und elastisch ist. Je nach Konsistenz dabei noch ein wenig Wasser oder Vollkornmehl einarbeiten.
3. Teig zugedeckt mindestens 30 Minuten ruhen lassen.
4. Teig portionsweise auf wenig Streumehl dünn ausrollen.

für ungefüllte Nudeln:

5. a) Teig etwas antrocknen lassen und in beliebige Formen schneiden. Das Ergebnis wird besonders gut, wenn Sie die Nudeln vor dem Kochen einige Stunden bis 2 Tage trocknen lassen.

für gefüllte Nudeln:

5. b) Teig in Formen schneiden, mit Füllung belegen, Ränder mit Wasser oder verquirltem Eiweiß bepinseln und fest zusammendrücken.
6. Teigwaren in ca. 2 l leicht gesalzenes, kochendes Wasser geben, zwei Minuten kochen und auf der ausgeschalteten Kochstelle gar ziehen lassen, bis sie al dente (bissfest) sind.
7. Zum Abschrecken etwas kaltes Wasser in den Topf gießen und Nudeln abseihen. Nudeln entweder sofort servieren oder mit kaltem Wasser abspülen und in ein wenig Butter oder Öl schwenken.

Nudelteig

Nudeln auf Vorrat

Fertig geschnittene – ungefüllte – hausgemachte Nudeln sind getrocknet mehrere Wochen lang haltbar. Dazu werden sie locker auf einem bemehlten Tuch ausgebreitet, bis sie nach ein bis zwei Tagen ganz trocken sind. Sie sollten dann trocken und in einem luftdurchlässigen Behältnis (z. B. Papiertüten) aufbewahrt werden. Gefüllte Teigtaschen lassen sich gut – einzeln oder auf ein bemehltes Backblech gelegt – tiefgefrieren. Danach in Portionspackungen abfüllen und direkt aus der Kälte im köchelnden Wasser garen.

Farbenfrohe Nudelküche

Eine unverwechselbare Note geben Sie Ihrer Pasta mit farbigen und würzigen Zutaten.

Die Mengenangaben gelten jeweils für das Grundrezept aus 250 g Getreide. Die im Grundrezept angegebene Wassermenge kann bei Zugabe von flüssigen oder feuchten Zutaten reduziert werden.

- **Grün** werden die Teigwaren durch Spinat, Brennnessel, Mangoldblätter oder Kräuter wie Petersilie und Sauerampfer. Das Blattgemüse (ca. 150 g) wird blanchiert, gut ausgedrückt und sehr fein gehackt bzw. püriert. Sehr fein gehackte Kräuter (ca. 3 Esslöffel) ergeben grün gesprenkelte Nudeln.
- Verschiedene **Rot- und Orangetöne** liefern Tomatenmark oder -püree sowie Saft bzw. Püree aus gegarter Roter Bete, Möhren oder Paprikaschote (jeweils 3-4 Esslöffel). Rötliche Paprikanudeln erhalten Sie, wenn Sie edelsüßes Paprikapulver (ca. 2 Esslöffel) mit dem Öl verrührt zu den anderen Zutaten geben.
- Safran, Curry oder Kurkuma machen die Nudeln **gelb**. Ca. 1 Messerspitze Safranpulver wird zuerst mit etwas heißem Wasser gemischt und dann unter den Teig geknetet; Kurkuma- oder Currypulver mit dem Vollkornmehl vermischen.
- **Würzig** schmeckt's, wenn Sie den Teig mit gemahlenen Trockenpilzen, -kräutern oder Gewürzen wie Piment, Kreuzkümmel oder Koriander zubereiten. Diese Zutaten können gut zusammen mit dem Getreide gemahlen werden.

Ein Tipp für Hafernudeln

Bevor Sie Hafer zu Teigwaren verarbeiten, sollten Sie die Körner darren (in einem trockenen Topf oder im Backofen). Die Vorteile: Der Geschmack wird etwas nussig, die Körner lassen sich leichter mahlen und die fettspaltenden Enzyme des Hafers werden inaktiviert. Letzteres verhindert, dass die Nudeln nachher bitter schmecken.

Nudelteig

Ideen für Füllungen

Die Mengenangaben gelten für Teigtaschen aus 250 g Getreide. Für eine große Rolle, Lasagne oder Cannelloni aus 250 g Getreide kann die Füllmenge größer sein (doppelte bis dreifache Menge).

- **Lauch-Frischkäse-Füllung:** 300 g fein geschnittenen Lauch in 1 El Butter andünsten, mit 100 g Frischkäse, etwas Zitronensaft, Muskat, Pfeffer, Kräutersalz und frischer, gehackter Petersilie vermischen.
- **Champignon-Paprika-Füllung:** 50 g Zwiebeln, 200 g Champignons und 50 g grüne Paprikaschote sehr fein gewürfelt in 1 El Olivenöl dünsten, mit 100 g Quark, Koriander, Thymian, Pfeffer und Kräutersalz vermischen.
- **Brokkoli-Mandel-Füllung:** 300 g Brokkoli, sehr fein gewürfelt in 1 El Butter dünsten, mit 25 g geriebenen Mandeln und 25 g geriebenem Käse vermischen, würzen mit Ingwer, Muskat, Salz und frischen Kräutern.
- **Kartoffel-Zwiebel-Füllung:** 350 g gekochte Pellkartoffeln schälen und noch heiß durch die Kartoffelpresse drücken, mit 50 g gewürfelter Zwiebel – in 1 El Butter angeschwitzt – 50 g saurer Sahne und 100 g Quark vermischen, würzen mit Majoran, wenig Salbei, Kräutersalz, Pfeffer, Muskatnuss und gehackter Petersilie.

Streichfähig gemacht: Brotaufstriche

Ob süß oder pikant - schmackhafte Brotaufstriche bringen Abwechslung und Vielfalt auf den Tisch. Pasten aus Getreide, Gemüse oder Hülsenfrüchten sind als würzige Begleitung zum Vollkornbrot genauso beliebt wie Aufstriche aus Quark und anderen Milchprodukten.
Mit knackigen Salatblättern, Gurken- und Tomatenscheiben kombiniert oder mit frischen Kräutern und Keimlingen bestreut stellen sie jedes Käse- oder Wurstbrot in den Schatten.

Brotaufstriche können relativ einfach aus zahlreichen Lebensmitteln selbst hergestellt werden. Dabei kommt es darauf an, aus den jeweiligen Zutaten eine streichfähige Masse zu erzeugen, die dann mit verschiedenen Gewürzen und anderen aromatischen Zutaten geschmacklich abgerundet wird.
Bei einigen Produkten ist bereits das Ausgangsprodukt weich und streichfähig (z. B. Quark und Frischkäse) oder es muss nur noch ein wenig zerdrückt bzw. püriert werden (z. B. Beeren und Avocados). Bei festeren und meist trockenen Rohstoffen wie Getreide, Kartoffeln und Gemüse muss oft noch mit Flüssigkeit und/oder Hitze nachgeholfen werden, damit eine streichbare Paste entsteht.

Streichfähiges aus Milchprodukten

Butter, Quark und Frischkäse sind häufig verwendete Brotaufstriche. Durch verschiedene Zutaten wie Kräuter, Gemüse, Früchte und Nüsse können sie geschmacklich und farblich abwechslungsreich variiert werden.
Auch weiche Käsesorten wie Camembert, Gorgonzola, Brie oder Fetakäse sind gut als Aufstrichbasis oder -ergänzung geeignet. Mit schnittfesten, fein geriebenen oder klein geschnittenen Käsesorten kann der Geschmack z. B. von Gemüse- oder Getreideaufstrichen verfeinert werden.

Gemüse- und Obstpüree

Die meisten Gemüsearten ergeben gegart und püriert ebenfalls eine homogene Grundlage für Aufstriche. Wurzel- und Knollengemüse wie Möhren, Pastinaken, Sellerie oder Kohlrabi eignen sich dafür besonders gut. Aber auch gegarte Kartoffeln, Auberginen, Paprika, Zwiebeln, diverse Kohlarten und vieles mehr sind Rohstoffe für leckere Pasten. Weichere Gemüsearten wie Avocado und Tomate lassen sich in rohem Zustand pürieren und ergeben – in Verbindung mit anderen Zutaten – einen schmackhaften Aufstrich. Fein geraffelte oder geschnittene Gemüsestückchen, besonders Wurzel- und Knollengemüse, Lauch, Paprikaschoten u. a. können unter zahlreiche Getreide- und Hülsenfruchtaufstriche gemischt werden. Sie können sowohl roh als auch gegart zugegeben werden.

Ebenso abwechslungsreich ist die Verwendung von frischen Früchten. Auch sie werden in der Regel püriert zu Brotaufstrich verarbeitet. Allerdings neigen helle Obst- und Gemüsearten in rohem Zustand dazu, sich nach dem Zerkleinern durch enzymatische Oxidationsvorgänge zu verfärben. Damit einher geht auch ein Verlust von wertvollen Inhaltsstoffen wie Vitaminen. Sie sollten die zerkleinerten Obst- und Gemüsestücke deshalb mit etwas Zitronensaft, Öl oder säure- bzw. fetthaltigen Zutaten marinieren und möglichst bald verbrauchen. Bei stark wasserhaltigem Obst ist es sinnvoll, dieses mit geriebenen Nüssen oder pürierten Trockenfrüchten zu binden, damit das Fruchtmus nicht vom Brot läuft. Solche

Autor: Georg Berger

Brotaufstriche

Aufstriche aus frischen, tiefgekühlten oder eingeweichten, getrockneten Früchten sind als so genannte „roh gerührte Marmeladen" bekannt. Auch gekochte, marmeladenähnliche Pasten sowie Fruchtmus (z. B. kaltes Apfel- oder Pflaumenmus) schmecken gut als Brotaufstrich. Lesen Sie dazu auch: „Frucht im Glas: Marmelade selbst gemacht" (Seite 108).

Alle Getreidearten sowie Buchweizen, Quinoa und Amaranth eignen sich sehr gut für süße und pikante Brotaufstriche. Die Körner werden nach Belieben fein oder grob geschrotet und in etwa der dreifachen Flüssigkeitsmenge 3-5 Minuten leicht gekocht. Dabei müssen Sie ständig umrühren, damit der Brei nicht am Topfboden ansetzt. Danach sollten Sie die Masse mit geschlossenem Deckel 15-20 Minuten nachquellen bzw. ganz auskühlen lassen. Nach dem Quellen kann die Getreidemasse mit Kräutern, Gewürzen, Milchprodukten, Ölsaaten, zerkleinertem Gemüse oder Früchten zu verschiedenen Aufstrichen weiterverarbeitet werden. Besonders gut schmeckt Ihr Körneraufstrich, wenn Sie den Getreideschrot im Topf trocken andarren – bis er würzig duftet – erst danach die Kochflüssigkeit zugießen und wie oben beschrieben garen.

Pasten aus Getreide

In gemischten Brotaufstrichen wird Getreide oft als bindender Bestandteil eingesetzt (z. B. bei einer Apfel-Zwiebelpaste mit Grünkern). Soll der Gemüseanteil (z. B. Zwiebeln, Möhren, Lauch) vorher gegart werden, gehen Sie am besten so vor: Das zerkleinerte Gemüse in wenig Fett anschwitzen, mit Gemüsebrühe aufgießen und den eventuell vorher angedarrten Schrot unterrühren. Den Brei 3-5 Minuten köcheln und bei geschlossenem Deckel ausquellen lassen. Eine geschmacklich interessante Variante entsteht, wenn Sie die Getreidemasse wie einen Brandteig abbrennen (Seite 75). Für pikante Brotaufstriche sind alle Getreidearten gut geeignet. Besonders würzig schmecken Pasten aus Grünkern, Roggen, Gerste, Hafer oder Wildreis. Süße Aufstriche gelingen gut mit Mais, Hirse, Reis und Amaranth. Aber auch Weizen, Dinkel und Hafer schmecken als süße Brotauflage, vor allem kombiniert mit Milchprodukten, Früchten, Nüssen, Kakao oder Carob. Auch gekochte, ganze Körner lassen sich durch Pürieren oder durch den Wolf gedreht zu Brotaufstrichen verarbeiten. Als ganzes Korn belassen, ergeben sie – ebenso wie Keimlinge – eine körnige Ergänzung zu Quark oder anderen Aufstrichen.

Erbsen, Linsen, Bohnen ...

Köstliche Pasten lassen sich auch aus gekochten Hülsenfrüchten zubereiten. Die trockenen Samen können entweder im Ganzen gekocht und anschließend püriert oder erst geschrotet und dann gegart werden. In beiden Fällen ist es von Vorteil, die Hülsenfrüchte mehrere Stunden (z. B. über Nacht) einzuweichen, dann zu garen und gut nachquellen zu lassen. Durch das Einweichen und Nachquellen verringert sich die Kochzeit der Hülsenfrüchte und sie werden besser bekömmlich. Hülsenfrüchte enthalten gesundheitsabträgliche Substanzen, die jedoch durch den Kochprozess zerstört werden. Deshalb ist es wichtig, auch bei der Zubereitung von Pasten aus geschroteten Hülsenfrüchten auf eine ausreichend lange Garzeit von mindestens 5 Minuten zu achten.

Brotaufstriche

Durch die Verwendung unterschiedlicher Zutaten und Gewürze können die Grundmassen in Geschmack, Farbe und Konsistenz nahezu unbegrenzt variiert werden. Pikante Aufstriche können z. B. mit zerkleinertem Gemüse – roh oder gegart – Ölsaaten, Milchprodukten, verschiedenen Kräutern, Gewürzen sowie Gewürzpasten und -saucen wie Senf oder Sojasauce geschmacklich verfeinert werden. Für die süße Variante eignen sich Obst, Nüsse, Nussmuse, Süßungsmittel, Carob bzw. Kakao, Ingwer oder geriebene Schalen von Zitrusfrüchten und vieles andere mehr. Sie können die unterschiedlichen Grundmassen auch miteinander kombinieren. Probieren Sie einfach einmal verschiedene Mischungen aus, z. B. gekochte Kartoffeln mit Wurzelgemüse und Frischkäse oder Hülsenfrüchte mit Gemüse und Obst, ergänzt durch geriebene Nüsse. Sie werden staunen, welch kreatives Feld es dabei zu entdecken gibt.

Aufstriche auf Vorrat

Am besten bewahren Sie Ihre selbst gemachten Brotaufstriche in einem Schraubglas im Kühlschrank auf. Abhängig davon, welche Zutaten verwendet werden, ist eine selbst gemachte Paste von mehreren Tagen bis zu zwei Wochen haltbar. Grundsätzlich gilt: Je mehr frische, unerhitzte bzw. leicht verderbliche Zutaten im Aufstrich enthalten sind, umso kürzer ist die Haltbarkeit. Pasten mit frischen Zwiebeln, Lauch und Knoblauch sind auch gekühlt meist nur wenige Tage haltbar. Da lohnt es sich, die Lauchgewächse – aber auch andere Gemüse – in etwas Butter oder Öl kurz anzudünsten. Die meisten Aufstrichpasten können portionsweise eingefroren und bei Bedarf wieder aufgetaut werden.

Attraktiv anrichten

Die Brotaufstriche lassen sich mit zahlreichen Lebensmitteln kombinieren und attraktiv garnieren. Salatblätter, Gemüsescheiben von Tomaten, Gurken, Kohlrabis u. a. sowie geraffeltes Gemüse – natur oder mariniert – kommen dafür genauso in Frage wie verschiedene Früchte oder diverse Keimlinge und gehackte Kräuter. Feine Massen können in einen Spritzbeutel gefüllt und auf Brot dressiert werden. Mit verschiedenfarbigen Brotaufstrichen entstehen dabei interessante Muster, z. B. Streifen, Sterne oder ein lustiges Gesicht. Wie wäre es zur Abwechslung einmal mit einer Scheibe eines erkalteten, würzigen Getreide- bzw. Hülsenfruchtbratens oder einem leckeren Bratling? In ein Vollkornbrötchen gelegt und mit Salatblatt, Tomaten- und Gurkenscheiben sowie einer passenden kalten Sauce kombiniert entsteht daraus ein echter Bio-Burger.

Warum Brotaufstriche selbst machen?

- Preiswert im Vergleich zu fertigen Brotaufstrichen.
- Abwechslungsreich in Konsistenz, Geschmack, Farbe und Zutaten.
- In der Regel weniger fettreich als Käse und Wurst.
- Individuelle Bedürfnisse können berücksichtigt werden – z. B. in Bezug auf Zutaten oder Geschmack.
- Reste können verarbeitet werden.
- Alle Zutaten sind bekannt – wichtig bei Unverträglichkeiten.

Brotaufstriche — So gelingt's

Getreideaufstrich
Grundrezept für 4-8 Portionen

50	g	Getreide
150-200	ml	Flüssigkeit
50	g	Zwiebeln
10	g	Butter oder natives, kalt gepresstes Öl
100-200	g	Gemüse und/oder Obst, fein geschnitten oder geraffelt
		Gewürze nach Geschmack
		evtl. sonstige Zutaten

So wird's gemacht:
1. Getreide grob oder fein schroten.
2. Getreideschrot evtl. bei mittlerer Hitze andarren, bis er würzig duftet. Oder Getreideschrot in Flüssigkeit einweichen (30 Minuten bis zu mehreren Stunden).
3. a) Gedarrten Getreideschrot mit Gemüsebrühe oder anderer Flüssigkeit aufgießen bzw. eingeweichtes Getreide direkt unter ständigem Rühren etwa 2-5 Minuten köcheln lassen – je nach Schrotgröße.
3. b) Für Aufstriche mit gedünstetem Gemüse: Fein geschnittenes Gemüse in etwas Butter oder nativem, kalt gepresstem Öl andünsten, mit Kochflüssigkeit aufgießen, den Getreidebrei einrühren und unter ständigem Rühren 2-5 Minuten köcheln lassen.
4. Bei geschlossenem Deckel ausquellen bzw. ganz auskühlen lassen.
5. Andere Zutaten (Gemüse, Milchprodukte, Kräuter, Gewürze ...) untermischen bzw. pürieren und abschmecken.

Hülsenfruchtaufstrich
Grundrezept für 4-8 Portionen

50	g	Hülsenfrüchte
200-250	ml	Flüssigkeit
50	g	Zwiebeln
10	g	Butter oder natives, kalt gepresstes Öl
100-200	g	Gemüse und/oder Obst, fein geschnitten oder geraffelt
		Gewürze nach Geschmack
		evtl. sonstige Zutaten

So wird's gemacht:
Die Hülsenfrüchte schroten und über Nacht in etwa der vierfachen Menge an Flüssigkeit einweichen. Unter Rühren mindestens 5 Minuten köcheln lassen. Sonst wie Getreide verarbeiten.

Brotaufstriche

Gemüseaufstrich
Grundrezept für 4-8 Portionen

250	g	Gemüse
50-100	g	Zwiebeln
10	g	Butter oder natives, kalt gepresstes Pflanzenöl
50-200	ml	Flüssigkeit – je nach Wassergehalt des verwendeten Gemüses
		Gewürze nach Geschmack
		evtl. sonstige Zutaten

So wird's gemacht:
1. Gemüse waschen, gegebenenfalls schälen und in Würfel schneiden.
2. Eventuell klein geschnittene Zwiebeln in etwas Butter oder nativem, kalt gepressten Pflanzenöl andünsten, Gemüse kurz mitdünsten.
3. Mit der Flüssigkeit aufgießen und bei geschlossenem Deckel ganz weich kochen.
4. Alles mit dem Mixstab oder Mixer pürieren oder das Gemüse durch eine Kartoffelpresse drücken bzw. durch ein Passiersieb streichen.
5. Nach Geschmack würzen und mit anderen Zutaten variieren.

Kartoffelaufstrich
Grundrezept für 4-8 Portionen

250	g	Kartoffeln
100-200	g	Sauerrahm, Joghurt, Milch oder andere Flüssigkeit
50-100	g	Zwiebeln, fein geschnitten oder geraffelt
10-20	g	Butter oder natives, kalt gepresstes Öl
2-4	El	Kräuter gehackt
		Pfeffer, Muskat, Salz
		andere Gewürze nach Geschmack

So wird's gemacht:
Die Kartoffeln (am besten mehlig kochende) werden mit der Schale gekocht oder gedämpft, danach geschält, durch die Kartoffelpresse gedrückt und mit den anderen Zutaten und etwas Flüssigkeit zu einer streichfähigen Masse verarbeitet.

Schmackhafte Kombinationen
- Linsen mit Äpfeln, Rosinen und Curry
- Grünkern mit Zwiebeln und Majoran
- Äpfel, Meerrettich und Quark
- Kartoffeln, Lauch und Möhren
- Kräuter, Nüsse und Frischkäse
- Hafer, Nüsse und Trockenfrüchte

Marmelade

Frucht im Glas:
Marmelade selbst gemacht

Wenn im Sommer saftig-frisches Obst an den Sträuchern und Bäumen heranreift, möchten sich viele die fruchtige Frische auch für die kommenden Monate bewahren. Eine beliebte Methode Obst einzumachen, ist das Kochen von Marmelade. Damit Sie den feinen Geschmack der Früchte nicht durch große Mengen an Zucker überdecken müssen, zeigen wir Ihnen, wie Sie mit wenig oder sogar ohne zusätzliche Süße leckere, fruchtige Brotaufstriche herstellen können.

Marmelade darf so ein Aufstrich aus Früchten und Süßungsmittel heute gar nicht mehr heißen. Denn nach der lebensmittelrechtlichen Definition muss Marmelade aus Zitrusfrüchten (mindestens 200 g/kg) und Zucker bestehen. Erzeugnisse aus anderen Obstarten werden Konfitüre genannt. Sie müssen ebenfalls Zucker und mindestens 350 g Obst pro kg enthalten. Alternative Süßungsmittel z. B. Honig, Vollrohrzucker oder Fruchtdicksäfte hat der Gesetzgeber nicht berücksichtigt. Produkte, die mit diesen Süßungsmitteln hergestellt sind, werden im Handel meist als Fruchtaufstriche oder ähnliches angeboten.

Obst spielt die Hauptrolle

Zum Marmeladekochen eignen sich alle Obstarten. Sehr süße Früchte wie Birnen oder Trauben sollten mit säuerlichem Obst wie Johannisbeeren oder Sauerkirschen kombiniert werden, da sie sonst zu süß schmecken. Etwas Zitronensaft trägt zur Geschmacksabrundung bei. Am besten schmeckt Marmelade, wenn sie aus voll ausgereiftem und frisch geerntetem Obst zubereitet wird. Nur dann haben die Früchte ausreichend Süße entwickelt und Aromastoffe aufgebaut. Sie sollten das Obst gut verlesen und waschen, damit es keine fauligen oder schimmeligen Stellen aufweist. Geschmack und Haltbarkeit werden sonst beeinträchtigt. Je nach Größe können die Früchte klein geschnitten oder grob püriert werden. Dadurch erreichen Sie, dass die Marmelade homogener wird und die Masse nur kurz aufgekocht werden muss. Ganze Früchte müssten Sie so lange kochen, bis sie zerfallen, wenn sich die Früchte nicht im Glas absetzen sollen. Ganz besonders lecker schmecken Mischungen aus verschiedenen Obstarten sowie aus frischen und getrockneten Produkten.

Roh oder gekocht? Die Beste: ganz frisch

So genannte kalt oder roh gerührte Marmeladen werden aus frischem Obst ohne Erhitzen hergestellt. Daher sind sie auch nur 1-2 Wochen haltbar. Am besten gelingen kalt gerührte Marmeladen aus festen, nicht zu saftigen Früchten wie Pflaumen, Brombeeren oder Aprikosen. Das verlesene und gewaschene Obst sollte gut abtropfen und wird im Mixer zu einer homogenen Masse zerkleinert. Das Fruchtmus kann mit etwas Süßungsmittel sowie Gewürzen, z. B. Zimt, Nelke oder Ingwer, abgeschmeckt werden. Sollte die Marmelade zu dünn sein, können Sie sie durch Zugabe von geriebenen Nüssen, Trockenfrüchten oder pflanzlichen Dickungsmitteln, z. B. Johannisbrotkernmehl, etwas andicken. Kalt gerührte Marmeladen sollten immer im Kühlschrank aufbewahrt werden. Im Winter und Frühjahr, wenn kein geeignetes Obst angeboten wird, lassen sich auch tiefgefrorene oder getrocknete Früchte verwenden. Weichen Sie die Trockenfrüchte wie Feigen, Pflaumen oder Aprikosen vorher mit etwa der gleichen Menge an Wasser oder Obstsaft ein und pürieren Sie sie anschließend.

**Autorin:
Kathi Dittrich**

Marmelade

Damit Sie Ihre Marmelade bis zu einem Jahr aufbewahren können, muss sie erhitzt und luftdicht verschlossen werden. Die Zugabe von Süßungsmitteln erhöht den Konservierungseffekt und Geliermittel sorgen für die richtige Konsistenz. Wenn die Früchte vorher zerkleinert werden, muss die Mischung aus Obst, Süßungsmittel und Gelierhilfe nur 1-3 Minuten lang kochen.

Auch ganz ohne Süßungs- und Geliermittel lassen sich haltbare Fruchtaufstriche herstellen. Hierfür eignen sich nur sehr süße Früchte mit einem kräftigen Aroma, z. B. Pflaumen oder Mirabellen. Sie sollten das Obst etwas zerkleinern und noch tropfnass in einen weiten Topf geben. Die Früchte müssen ohne Deckel so lange kochen, bis eine streichfähige Masse übrig bleibt – bei 1 kg Obst etwa 8-10 Stunden. Der Zuckergehalt der Früchte ist dann so stark konzentriert, dass die Marmelade lange haltbar ist. Wenn Sie bis kurz vor Schluss nicht umrühren, brennt das Mus nicht an. Wird jedoch einmal gerührt, muss ständig weitergerührt werden. Eigentlich muss Marmelade gar nicht gesüßt werden. Besonders roh gerührte Sorten kommen oft ganz ohne zusätzliche Süße aus. Soll die Marmelade allerdings gekocht werden und über mehrere Monate haltbar sein, empfiehlt es sich, etwas Süße zuzugeben. Sie bewirkt, dass die Marmelade nicht so schnell verdirbt, insbesondere nach dem Öffnen. Zudem rundet zusätzliche Süße den Geschmack vieler Früchte ab.

Süßungsmittel: so wenig wie möglich

Die meisten Obstarten schmecken am besten, wenn sie mit Honig eingekocht werden. Sie sollten dafür hellen Blütenhonig bevorzugen, da dieser am neutralsten schmeckt. Auch Vollrohrzucker eignet sich zur Konservierung von Obst. Wegen seines starken Eigengeschmacks und seiner dunklen Farbe verliert die Marmelade allerdings stark an typischem Fruchtgeschmack und Aussehen.

Zur Unterstützung der Süße können auch Trockenfrüchte oder Obstdicksäfte zugegeben werden. Als Faustregel gilt, dass etwa halb so viel Süßungsmittel wie Obst verwendet werden sollte. Wenn Sie sehr süße Früchte verarbeiten oder Trockenobst einsetzen, kann die Menge an Süßungsmitteln noch weiter reduziert werden.

Halt durch Geliermittel

Damit die Masse nicht vom Brot läuft, müssen bei gekochten Fruchtaufstrichen Geliermittel zugegeben werden. Lediglich kalt gerührte Marmelade kommt ganz ohne Dickung aus, da beim Pürieren im Gegensatz zum Kochen weniger Zellsaft austritt. In der Vollwertküche haben sich zwei Geliermittel bewährt: Pektin und Agar-Agar. Pektin wird aus den Rückständen der Apfelsaftpressung oder aus Zitrusfruchtschalen gewonnen. Es gibt den Marmeladen eine angenehme Konsistenz und beeinträchtigt den Geschmack der Früchte nicht.

Damit es besser dosiert werden kann und nicht zur Klumpenbildung führt, wird Pektin meist mit Vollrohrzucker, Fruchtzucker oder Kartoffelstärke vermischt angeboten. Es ist im Naturkost- und Reformwarenhandel unter der Bezeichnung Frucht- bzw. Konfigel erhältlich. Damit Pektin seine Gelierkraft entfalten kann, wird es mit den Früchten vermischt und muss gemeinsam mit dem Süßungsmittel 2-3 Minuten lang kochen. Durch die Zugabe von Zitronensaft und Süßungsmitteln geliert Pektin besonders gut.

Marmelade

Agar-Agar wird aus den Zellwänden von Rotalgen extrahiert. Es wird im Handel vorwiegend in Form von Pulver verkauft. Agar-Agar muss sehr genau dosiert werden. Wird zu viel verwendet, ist die Konsistenz der Marmelade leicht zäh und sie schmeckt weniger fruchtig. Insgesamt sind mit Agar-Agar gedickte Marmeladen immer etwas fester als mit Pektin zubereitete Fruchtaufstriche. Mit sauren Früchten oder Zitronensaft geliert auch Agar-Agar besser. Etwa 3 gestrichene Teelöffel Agar-Agar reichen für 1 kg Früchte aus. Das Pulver wird vorher mit etwas Wasser angerührt und dann gemeinsam mit dem Obst und dem Süßungsmittel aufgekocht. Agar-Agar wird erst beim Erkalten fest; die Marmelade ist im heißen Zustand also noch flüssig.

Sehr pektinreiche Früchte wie Preiselbeeren, Quitten und Johannisbeeren benötigen eigentlich kein zusätzliches Geliermittel. Damit sie ausreichend fest werden, müssen sie allerdings 10-20 Minuten lang kochen.

Kleine Gläser sorgen für Abwechslung

Die fertige Marmelade wird am besten in Gläser mit Schraubverschluss (Twist-Off-Deckel) abgefüllt. So ist der Fruchtgenuss vor Sauerstoff geschützt und hält sich besonders lange. Verwenden Sie möglichst kleine Gläser, dann können Sie öfter eine andere Sorte auf den Tisch bringen. Die Gläser und Deckel müssen zusammenpassen, sauber und unbeschädigt sein und sollten vorher mit heißem Wasser ausgespült werden. Bei gekochten Marmeladen werden die Gläser bis zum Rand mit der kochend-heißen Masse gefüllt, sofort geschlossen und bis zum Auskühlen auf den Kopf gestellt. So kann die Restluft entweichen und der Deckel wird keimfrei. Achten Sie darauf, dass die Ränder der Gläser vor dem Verschließen nicht mit Marmelade bekleckert sind. Sollte ein Glas nicht ganz voll geworden sein, wird es am besten im Kühlschrank aufbewahrt und möglichst bald verbraucht. Die vollen Gläser sollten Sie ebenfalls möglichst kühl und dunkel lagern, z. B. im Keller oder in der Speisekammer. Wenn die Gläser geöffnet sind, hält der Fruchtaufstrich im Kühlschrank etwa 4-8 Wochen.

Marmelade – So gelingt's

Marmelade mit Pektin
Grundrezept für etwa 4 Gläser à 320 ml
- 1 kg Obst
- 10 g Pektin bzw. pektinhaltiges Geliermittel nach Packungsanweisung
- 500 g Honig
- evtl. Gewürze

Marmelade mit Agar-Agar
Grundrezept für etwa 4 Gläser à 320 ml
- 1 kg Obst
- 3 Tl Agar-Agar
- 3 El Wasser
- 2 El Zitronensaft
- 500 g Honig
- evtl. Gewürze

So wird Marmelade eingekocht:
1. Früchte waschen, putzen und abwiegen.
2. Größere Früchte klein schneiden bzw. grob oder fein pürieren und in einen hohen Topf geben.
3. Früchte mit Pektin bzw. pektinhaltigem Geliermittel oder mit in Wasser aufgelöstem Agar-Agar sowie Honig vermischen und aufkochen lassen.
4. Etwa 1-3 Minuten köcheln lassen und dann kräftig durchrühren.
5. Die heiße Masse randvoll in die sauberen Gläser füllen. Während des Abfüllens die Marmelade im Topf ab und zu umrühren, damit sich die Früchte nicht absetzen. Die Gläser sofort verschließen und auf den Kopf stellen, bis die Marmelade erkaltet ist.
6. Kühl und dunkel aufbewahren.

Eingekochte Marmelade ist ungeöffnet bis zu einem Jahr haltbar.

Marmelade

Kalt gerührte Marmelade aus frischen Früchten
Grundrezept für etwa 1 Glas à 250 ml

300	g	Obst
50	g	Honig
		evtl. Gewürze

Kalt gerührte Marmelade aus getrockneten Früchten
Grundrezept für etwa 1 Glas à 250 ml

150	g	getrocknete Früchte
120	ml	Wasser oder Fruchtsaft
		evtl. Gewürze

So wird Marmelade kalt gerührt:
1. frische Früchte waschen, putzen und abwiegen bzw. getrocknete Früchte abwiegen, waschen und in Flüssigkeit einweichen.
2. Früchte in einem Mixer fein pürieren, bis eine homogene Masse entsteht.
3. Eventuell mit etwas Honig und Gewürzen abschmecken.
4. In saubere Gläser füllen und im Kühlschrank aufbewahren.

Kalt gerührte Marmelade ist bis zu zwei Wochen haltbar.

Schmackhafte Kombinationen
- Holunder mit Apfel
- Rhabarber mit getrockneten Aprikosen
- Sauerkirschen mit Pfirsich
- Erdbeeren mit Stachelbeeren
- getrocknete Aprikosen mit Sanddornbeeren
- Pflaumen mit getrockneten Birnen
- Johannisbeeren mit Rhabarber und Erdbeeren.

So kommt Würze und Farbe an die Marmelade:
Eine besondere Note erhält Ihre Marmelade, wenn Sie sie mit Gewürzen verfeinern. Dafür eignen sich z. B. Zimt, Vanille, Nelke, Ingwer, Kardamom oder Anis. Geben Sie die Gewürze bereits vor dem Kochen an die Früchte. Sie können dann ihr Aroma besser entfalten und Ingwer verliert seine Schärfe. Dosieren Sie vorsichtig, denn bei längerer Lagerung können die Gewürze noch durchziehen und schmecken dann intensiver.

Wenn Sie sehr helle Früchte verarbeiten, z. B. Äpfel, weiße Johannis- oder Stachelbeeren, wird die Marmelade oft etwas farblos. Eine mitgekochte Tomate, etwas Rote-Bete- oder Heidelbeersaft können Abhilfe schaffen. Die Marmeladen erhalten dann einen appetitlichen rosa- bis hellroten Ton.

Suppen und Saucen

Fein, herzhaft oder deftig: Suppen und Saucen

Eine gute Suppe löffelt jeder gerne aus - deftig sättigend als Hauptmahlzeit oder klein und fein als Ergänzung in einem Menü. Saucen sind das A & O vieler Gerichte. Kernige Bratlinge, herzhafte Aufläufe oder bunte Nudeln schmecken mit der passenden Sauce dazu noch einmal so gut.
In diesem Teil der Küchenpraxis erfahren Sie alles über die Zubereitung von feinen und auch deftigen Suppen und leckeren Saucen in der Vollwertküche.

In der Vollwert-Ernährung haben Suppen im Menü ihren festen Platz nach der Frischkost oder bei gehaltvolleren Suppen auch als Hauptgericht. Rohe Suppen können gelegentlich auch die Frischkost ersetzen und als Vorspeise gereicht werden. Saucen sind eine wichtige Ergänzung zu vielen Gerichten und sollten farblich und geschmacklich darauf abgestimmt sein. Sie sind sehr vielseitig verwendbar, zum Salat als Salatsauce und -dressing, als Dip, als geschmackgebende Sauce (Lasagne), als abrundende Sauce (Bratlinge), für kochtechnische Zwecke (Gratiniersauce) und auch als süße Sauce zum Dessert (Vanillesauce).

Aus einfachen Grundsuppen und -saucen lässt sich durch oft nur geringfügige Zutatenänderungen ein weites Spektrum verschiedenartiger Varianten erreichen. Grundsätzlich können alle Zutaten ganz nach Ihrer Phantasie zusammengestellt werden. Auch Mischungen aus den beschriebenen Grundsuppen und -saucen sind uneingeschränkt möglich.

Das Prinzip: Flüssigkeit binden

Egal ob Suppe oder Sauce, Flüssigkeit und die Bindung sind die Grundlagen, welche durch geschmacksgebende Zutaten ergänzt und abgerundet werden. Die Flüssigkeit besteht meist aus einer Gemüsebrühe, manchmal werden aber auch Milch und Säfte als „Fond" verwendet.
Als Bindemittel kommen alle Arten von Gemüse, Getreide, Hülsenfrüchten, Saaten, Samen, Kartoffeln, viele Früchte, Milchprodukte und zum Teil auch Kräuter in Frage. Sehr oft werden Mischungen aus mehreren dieser Zutaten gewählt.

Die Art der Zubereitung ist hauptsächlich von der Bindung und der gewünschten Konsistenz abhängig. So binden Getreide, Hülsenfrüchte und Kartoffeln aufgrund ihres hohen Stärkeanteiles ziemlich viel Flüssigkeit, während stark wasserhaltige Gemüsearten wie Gurken, Zucchini oder Tomaten kaum noch zusätzliche Flüssigkeit aufnehmen können. Ganze Getreidekörner, Hülsenfrüchte, Kartoffeln und feste Gemüse brauchen eine längere Garzeit als fein gemahlenes Vollkornmehl, viele Früchte oder weiches Gemüse. Kartoffeln, Hülsenfrüchte und Getreide können auch gegart zu Suppen und Saucen verarbeitet werden, während sich viele Gemüse und Obstarten, Kräuter und Milchprodukte roh sehr gut eignen.

Mit Vollkornmehl oder -schrot binden

Hierzu wird das gemahlene oder geschrotete Getreide entweder gedarrt und mit der kalten Flüssigkeit aufgegossen oder direkt in die kalte Flüssigkeit eingerührt und aufgekocht, oder aber in kalter Flüssigkeit angerührtes Getreide wird in die kochende Flüssigkeit eingerührt.

Autor:
Georg Berger

Suppen und Saucen

Bei allen Varianten sollte die Suppe oder Sauce, je nachdem wie fein das Getreide gemahlen war, noch mindestens 2-10 Minuten bei milder Hitze köcheln und vor dem Servieren 5-10 Minuten nachquellen. Dies ist wichtig, damit das Getreide voll ausquellen kann und der Rohgetreidegeschmack verloren geht. Bei sehr grobem Schrot kann auch eine längere Kochzeit erforderlich sein.

Aus ganzen Körnern oder Hülsenfrüchten entstehen in der Regel kräftige, deftige Suppen. Diese werden in der ungesalzenen Gemüsebrühe weich gekocht und nach Lust und Laune mit Gemüsestückchen bereichert. Solche Suppen können relativ flüssig gehalten sein, aber auch sehr gehaltvoll und ziemlich dick sein. Der Übergang zum Eintopf ist hier fließend. Bei Hülsenfrüchten und festen Getreidearten lässt sich die Garzeit verkürzen, wenn diese über Nacht eingeweicht werden. Wenn Sie die so hergestellte Suppe mit dem Mixstab bearbeiten, können Sie auch auf diese Weise tolle, sämige Cremesuppen und -saucen herstellen.

Mit Gemüsen, Früchten und Kartoffeln binden

Aus diesen Zutatengruppen entstehen eintopfartige Suppen wie die „Minestrone" genauso wie feine Schaumsuppen und -saucen. Dabei werden die Gemüse und/oder Kartoffeln in etwas Butter oder nativem, kalt gepresstem Öl angedünstet und im passenden Fond gegart.

Soll das Ergebnis eher eine klare Suppe sein, wird das Gemüse bissfest gekocht, evtl. noch Teigwaren oder gekochte Körner als Einlage hineingegeben, abgeschmeckt und serviert. Auch eine Kartoffelsuppe kann so hergestellt werden. Bevorzugen Sie aber eine cremige Suppe oder möchten Sie eine Sauce herstellen, dann sollten Sie das Gemüse oder die Kartoffeln weicher kochen und mit dem Mixstab fein mixen, bis eine sämige Suppe oder Sauce entstanden ist. Auch Mischformen aus beiden Varianten bieten interessante Möglichkeiten, wenn z. B. nur die Hälfte der Suppe fein gemixt wird und der Rest unverändert als Einlage wieder dazukommt. Auf diese Weise können auch Früchte und Fruchtsäfte mitverarbeitet werden, z. B. passen Äpfel sehr gut zu Kartoffeln, Sellerie oder Möhren. Apfelmus und andere Fruchtpürees werden auch gerne zu warmen Mehlspeisen als Sauce gereicht.

Es geht auch ohne Kochen

Suppen können auch aus den verschiedensten rohen Zutaten hergestellt werden. Paprika, Gurken, Zucchini, Tomaten, wenig Zwiebel und Knoblauch ergeben, durch den Fleischwolf gedreht oder mit einem starken Mixstab püriert und mit etwas Gemüsebrühe verdünnt, mit Milchprodukten und gehackten Kräutern verfeinert und abgeschmeckt, eine sehr wohlschmeckende Suppe. Eine andere leckere Variante ist eine kalte Gurkensuppe mit Dill. Die Gurken durch den Wolf drehen oder mixen, mit Joghurt und Sauerrahm vermischen, mit gehacktem frischem Dill, etwas Zitronensaft, Salz und Pfeffer abschmecken.

Kräutersaucen zu Bratlingen und zu vielen anderen Gerichten sind sehr einfach aus Sauerrahm, Crème fraîche und Joghurt herzustellen. Dazu gehackte Kräuter unter die Milchprodukte mischen und abschmecken.

Suppen und Saucen

Süße Saucen entstehen, indem z. B. Beerenfrüchte fein gemixt, eventuell mit Milchprodukten vermischt und mit Honig und Zitronensaft geschmacklich abgerundet werden. Wenn die Kerne Sie stören, passieren Sie die Sauce ganz einfach noch durch ein feines Sieb. Auch süßliche Suppen und Kaltschalen können so hergestellt werden.

Suppen und Saucen können Sie abwechslungsreich durch Zugabe von Sahne, Butterflocken, einem Schuss nativem, kalt gepresstem Öl, Sojamilch, gerösteten Nüssen, Kernen sowie Samen und gehackten Kräutern verfeinern. Besonders schaumig werden die Suppen und Saucen, wenn Sie die Sahne geschlagen unterheben.
In der Vollwertküche wird zum Abschmecken die vielfältige Palette von frischen, gehackten Kräutern und Gewürzen (Curry, Muskat, Paprika ...) Kräutersalz, Essig, Zitronensaft, Honig u. a. m. verwendet.

Gut eingelegt

Als Einlage für klare Suppen und Cremesuppen eignen sich Klößchen, Keimlinge, gekochte Getreidekörner und Hülsenfrüchte, Gemüsestückchen, Pfannkuchenstreifen, Teigwaren u. a. m.

Saucen – ganz bunt

Saucen bieten als Ergänzung eine sehr große Geschmacks- und Farbpalette: Rote-Bete-Sauce, Tomatensauce, Möhrensauce, Paprikasauce, Kurkumasauce, Currysauce, Kräutersauce, Spinatsauce, Sahnesauce, Koriandersauce, Senfsauce usw.

Legierung verfeinert

Eine besondere Art Suppen und Saucen zu verfeinern ist, diese zu legieren. Dazu verrühren Sie etwas Sahne mit einem Eigelb und rühren sie in die heiße Suppe oder Sauce ein. Die legierte Flüssigkeit darf nicht mehr kochen, weil sie sonst gerinnen kann. Achten Sie darauf, dass Sie immer ganz frische Eier, d. h. möglichst nicht älter als 5 Tage alte Eier verwenden.

Suppen und Saucen

So gelingt's

So groß ist eine Portion:
Suppe: von 150 ml bei einem mehrgängigen Menü bis 500 ml als Hauptgericht
Sauce: von 50 ml zu Bratlingen bis 250 ml zu Teigwaren

So viel Bindung wird für 500 ml Flüssigkeit gebraucht:
Getreideschrot: 30-60 g
ganze Körner und Hülsenfrüchte: 40-80 g
Kartoffeln: 100-250 g
Wurzelgemüse: 200-350 g
Wasserhaltige Gemüse (z. B. Zucchini): 500 g*

* Bei der Zubereitung von Suppen und Saucen aus sehr wasserhaltigen Gemüsen kann die Flüssigkeitszugabe stark vermindert werden (z. B. Tomatensauce).

Suppen und Saucen aus Getreideschrot:
1. Getreideschrot im Kochtopf bei mittlerer Hitze trocken andarren, bis es angenehm duftet (ohne Farbgebung).
2. Mit kalter Flüssigkeit (Gemüsebrühe, Milch, Saft usw.) aufgießen und unter ständigem Rühren erwärmen.
3. Aufkochen lassen. Je nachdem, wie grob das Schrot ist, 2-10 Minuten köcheln lassen.
4. Die Suppe/Sauce vom Herd nehmen und noch 5-10 Minuten nachquellen lassen.
5. Nach Geschmack mit passenden gehackten Kräutern, Sahne, Butter, gehackten Nüssen, klein geraffeltem Gemüse usw. verfeinern und mit Meersalz, Pfeffer, Muskat, Zitronensaft, Essig, Honig und anderen Gewürzen abschmecken.
6. Garnieren und servieren.

Variationen
- Gleichzeitig mit dem Getreideschrot können auch Gemüsestückchen, Samen, Nüsse, Pilze und andere Zutaten mitgekocht werden.
- Das Mehl kann auch direkt mit der kalten Flüssigkeit verrührt und unter ständigem Rühren aufgekocht werden. Vorsicht: brennt leicht an!
- Gut zum Überbacken geeignet ist Bechamelsauce aus Weizenmehl und Milch, mit etwas Butter verfeinert, die noch mit geriebenem Käse (Parmesan) und Kräutern variiert werden kann.

Suppen und Saucen

Gemüsecremesuppe und –sauce:
1. Gemüse waschen - ggf. bürsten oder schälen - und anschließend würfeln.
2. Eventuell klein geschnittene Zwiebeln in etwas Butter andünsten, Gemüse kurz mitdünsten.
3. Mit der Flüssigkeit aufgießen oder das Gemüse gleich in die Flüssigkeit geben und zugedeckt weich kochen.
4. Alles nach Wunsch von grob bis fein schaumig pürieren, entweder im Mixer oder mit dem Mixstab oder – bei sehr grobem Gemüse – durch die „Flotte Lotte" (Passiersieb) streichen.
5. Nach Geschmack mit Sahne, Crème fraîche, frischen gehackten Kräutern, Gewürzen usw. verfeinern und abschmecken.

Gute Brühe braucht Zeit
Eine gute Gemüsebrühe ist ganz einfach herzustellen, indem verschiedene Gemüse wie Möhren, Sellerie, Lauch, Kohlarten u. a. m. zusammen mit Gewürzen (Pfefferkörner, Lorbeerblatt, Korianderkörner) und Kräutern in Wasser bis zu zwei Stunden ausgekocht werden. Dann nur noch abseihen und fertig ist der Fond für leckere Suppen und Saucen. Oder die klare Gemüsebrühe, die noch mit Kräutersalz, Muskat und Pfeffer abgeschmeckt und mit oder ohne Einlage sowie bestreut mit frisch gehackten Kräutern serviert wird.
Wenn's schnell gehen soll, kann auch ein Instant-Produkt verwendet werden.

Suppen – ganz international
- Russischer Borschtsch aus Roter Bete und anderen Wurzelgemüsen mit Sauerkraut, Meerrettich und Schmand.
- Alpenländische Knoblauchsuppe aus Weizen mit Milch und Gemüsebrühe, reichlich Knoblauch, serviert mit gerösteten Brotwürfeln und gehackter Petersilie.
- Gemüsesuppe italienisch aus Zucchini, Zwiebeln, Tomaten, Paprika, Knoblauch und Oliven, gewürzt mit Oregano und frischem Basilikum.
- Kürbissuppe indisch mit Banane, Curry und gerösteten Mandeln.
- Mexikanische Bohnensuppe mit Paprikaschoten, Maiskörnern, Tomaten und Zwiebeln, feurig abgeschmeckt mit Paprikapulver und Chili.

Fließend von Suppe zu Sauce
Fast jede Suppe kann auch als Sauce serviert werden und anders herum. So ist z. B. eine Möhrencremesuppe aus dem einen Menü unverändert als Möhrensauce bei einem anderen Menü verwendbar.

Creme und Pudding

Der i-Punkt des Menüs: Creme, Pudding & Co.

Sie haben eine köstliche Mahlzeit zubereitet und wollen Ihre Gäste nun noch mit einem bestechenden Dessert verwöhnen? Klein, aber fein heißt die Devise, damit sich Ihre Gäste auch nach dem Schmaus frisch und wohlig fühlen.

Lassen Sie Ihrer Fantasie bei der Zubereitung freien Lauf; kreieren Sie mit Milch- und Milchprodukten, Obst oder Getreide ein Dessert nach eigenem Gusto. Und stimmen Sie den Nachtisch auf das Hauptgericht ab: Korniges ergänzt sich gut mit einem fruchtigen oder milchigen Abschluss; ein Gemüseschmaus wird durch raffinierte Kreationen mit Getreide, Milch oder Früchten komplett.

Obstiges – fruchtig und frisch

Schön angerichtetes „Obst der Saison" ist ein leichter Abschluss nach einem guten Essen. Es kann roh mit Biss oder aber gegart serviert werden. Die Vor- und Zubereitung, z. B. von ganzen Früchten oder Obstsalat, erfordert nicht viel Zeitaufwand. Obstpürees sind mit einem Pürierstab oder Mixer fix fertig. Daraus lässt sich dann schnell z. B. ein Sorbet oder eine Fruchtsauce zubereiten. Zu Obstsalat und -püree passen gut Milchprodukte oder ein Schuss Likör. Pürees aus rohem Obst lassen sich übrigens hervorragend auf Vorrat herstellen und einfrieren. Früchte immer erst kurz vor dem Verzehr oder vor der Weiterverarbeitung zubereiten – den Vitaminen, Aroma- und Farbstoffen zuliebe.
Saft von Zitrusfrüchten wirkt erfrischend, verhindert das Braunwerden von hellen Obstarten und erhält die Vitamine. Wer die verschiedenen Früchtchen geschickt kombiniert, kommt ohne Süßungsmittel aus. Gut und süß schmeckt z. B. eine Kombination aus Apfel, Apfelsine und Banane.

Wer Obst garen möchte, tut dies am besten sehr schonend: Dünsten (Kompott, Rote Grütze) und Backen (Bratapfel) sind empfehlenswert. Zum Binden, z. B. einer Roten Grütze, kann fein gemahlenes Getreide oder Buchweizen verwendet werden. Stichfeste Obstgelees bereitet man aus ungesüßtem Fruchtsaft und frischen Früchten zu; fest wird das Flüssige z. B. durch Agar-Agar oder Pektin.
Haben Sie schon einmal Gemüse in ein Dessert verwandelt? Aber ja. Denn Rhabarber und seine Dessertversionen kennen Sie bestimmt. Versuchen Sie eine Möhren-Frischkäse-Creme oder wie wäre es mit Kürbiskompott und Zimtsahne?

Weiße Varianten – Milch & Co.

Milch, Joghurt, Buttermilch, Quark oder Kefir sind die Grundlagen für schnelle, erfrischende Desserts. Aufgepeppt werden sie z. B. durch Obst in Stücken oder Obstpüree, (fein) gemahlenes oder gekeimtes Getreide, Nüsse oder Samen und Gewürze.
Wie wäre es mit Milchshake, Himbeerquark-Creme, Joghurt-Mohn-Parfait oder einem bunt dekorierten Fruchteisbecher? Einige Tupfen geschlagene Sahne geben Ihrer Kreation noch den Pfiff. Auch feine Saucen, warm oder kalt gerührt, z. B. Frucht- oder Vanillesauce, lassen sich mit Milch- und Milchprodukten bereiten.

Aufwändiger ist dann schon die Zubereitung eines gebackenen Quarkauflaufs oder saure Sahnesoufflés, verfeinert mit frischen Früchten.
Für Leckermäuler, die zum Dessert Pikantes bevorzugen, bietet sich eine reichhaltige Palette von köstlichen Käsen geradezu an. Ein Stückchen Frisch-, Schafs- oder

Autoren:
Hannelore Weise,
Annette Sabersky

Creme und Pudding

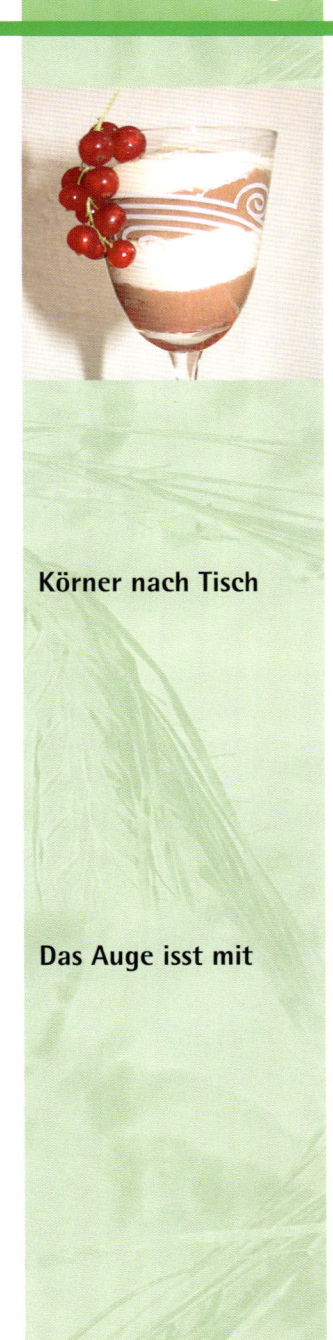

Ziegenkäse mit Zwiebeln, frischen Kräutern und Olivenöl kann als würzige Nachspeise genossen selbst einen „Süßen" begeistern.

Körner nach Tisch

Körner jeglicher Art – Weizen, Grünkern, Dinkel, Hafer, Hirse, Reis, Wildreis, Mais, Gerste oder Roggen sowie Buchweizen, Quinoa oder Amaranth – sind hier gefragt. Gekeimte ganze Körner oder eingeweichter Getreideschrot kann zusammen mit Obst und Milchprodukten wie ein Frischkornmüsli serviert werden. Auch gegarte ganze Körner oder gegarter Getreideschrot ergeben die Grundlage für körnige Desserts wie Hafer-Obstsalat, Buchweizen-Rhabarber-Auflauf, Weizen-Nuss-Bratling mit Äpfeln oder Polentaschnitten. Als warmes Dessert werden auch gerne Pfannkuchen, Dampfnudeln, Strudel oder süße Gnocchi gereicht. Und - ein Stück Kuchen ab und an passt natürlich auch. Pikantes wie würziges Käsegebäck mit Ölsaaten oder Gewürzen ist ebenfalls ein schöner Ausklang.

Besonders beliebte Nachspeisen sind Cremes, Grützen und Pudding aus fein gemahlenem Getreide. Deshalb haben wir diese aus der Vielfalt der Desserts für den Praxisteil (Seite 121) ausgewählt. Die Variationsmöglichkeiten für solche Desserts sind enorm: Kakao-Nuss-Creme, Mandel-Vanille-Pudding oder Maisgrießcreme, serviert mit etwas Obstsalat oder Fruchtpüree sind nur einige Beispiele.
Wichtig: Vergessen Sie nicht Hirse vor der Verarbeitung heiß zu waschen. Soll die Hirse anschließend gemahlen werden, sollte sie nach dem Waschen entweder auf einem Tuch, im Backofen oder in der Pfanne getrocknet werden. Gemahlener Hafer kann sehr schnell bitter werden, wenn er feucht wird. Deshalb erst kurz vor der Verwendung mahlen und dann bald garen oder aufessen.

Das Auge isst mit

Dekorieren Sie Ihr Dessert besonders stilvoll, denn dann schmeckt es Ihren Gästen gleich noch einmal so gut. Nüsse und Samen, eventuell geröstet und gerieben, passen gut. Sie werden locker über das Fruchtpüree gestreut oder lassen Sie einen Hauch Kokosflocken auf die Carobcreme rieseln.

Feine Süße

Klar – ein Dessert darf süß schmecken. Aber nicht nur süß. Sie werden sicher schon geschmeckt haben, dass alle Obstarten auch verführerische Aromastoffe enthalten, die durch zu viel Süße geschmacklich untergehen. Durch eine kleine süße Prise können Sie jedoch richtiggehend hervorgelockt werden. Also: Verwenden Sie Süßungsmittel immer nur als ein Gewürz.
Süße bringen frische, reife Früchte, je nach Sorte fein geschnitten, gerieben, püriert oder mit der Gabel zerdrückt. Ungeschwefelte Trockenfrüchte, z. B. Aprikosen, Rosinen, Feigen, Datteln, Pflaumen, Birnen oder Apfelringe werden am besten eingeweicht und fein geschnitten untergerührt (Einweichflüssigkeit mitverwenden). Honig, Obstdicksäfte bzw. Vollrohrzucker sind in kleinen, aber feinen Mengen eingesetzt ebenfalls geeignet. Süße Nachspeisen sind etwas besonderes und sollen deshalb nicht täglich auf dem Speiseplan stehen.

Creme und Pudding

Blättchen von frischen Kräutern (z. B. Zitronenmelisse, Pfefferminze) setzen attraktive Farbakzente. Tupfer von steif geschlagener Sahne wirken ebenfalls dekorativ. Obst ist ideal zum Garnieren. Legen Sie von den verwendeten Früchtchen einige besonders hübsche Exemplare zurück. Mit diesen können Sie dann – je nach Obstart unzerkleinert oder in Scheibchen geschnitten – den Teller verzieren. Bringen Sie mit Obst Farbe auf den Tisch: z. B. Kiwischeiben zu Kakaocreme, Himbeerpüree zu Quark-Vanille-Creme oder Orangenfilets zu Mohn-Getreide-Auflauf. Bedenken Sie: Auch beim Garnieren ist weniger oft mehr. Dezente Akzente erhöhen die Wirkung. Wie gesagt: Klein aber fein sollte der i-Punkt Ihres Menüs sein.

Erst durch raffinierte Gewürzkombinationen wird das Dessert zum Gedicht: Zimt, Naturvanille, Schale und Saft von Zitrusfrüchten (unbehandelt), Carobpulver, Safran, Anis, Fenchel, grüner Pfeffer, Kardamom, Koriander u. a. Auch einige frische Kräuter machen sich gut: Melisse-, Salbei- und Pfefferminzblättchen passen zur erfrischenden Obst- und Buttermilchkaltschale, zu selbst gemachtem Eis genauso wie zu Gelees.

Gebundenes und Geliertes

Fein gemahlenes Getreide ist gut zum Binden von Nachspeisen geeignet. Für schnittfeste Frucht- oder Sahnemassen bieten sich Agar-Agar, Johannisbrotkernmehl, Gelatine (nur ausnahmsweise) sowie Produkte daraus (eventuell mit Zusatz von Vollrohrzucker) zum Binden an.

Johannisbrotkernmehl bindet auch kalt viel Flüssigkeit und schmeckt nicht vor. Zum Stabilisieren von Cremes ist es deshalb gut geeignet. 1 g davon binden kalt 50 ml und aufgekocht 100 ml Flüssigkeit.

Agar-Agar richtig handhaben

Von Agar-Agar brauchen Sie je nach gewünschter Konsistenz für 500 ml Flüssigkeit 1 Tl (2 g) für weich gelierte Speisen bis zu 3 Tl für schnittfestes Gelee.
- 1 Tl Agar-Agar mit 4 El kaltem Wasser verrühren, quellen lassen, aufkochen und etwa 2 Minuten kochen, bis sich alles gelöst hat.
- Etwas abkühlen lassen und etwa ein Viertel der zu gelierenden Flüssigkeit oder Sahne mit dem etwas abgekühlten, aber noch nicht festen Agar-Agar kräftig verrühren.
- Die Agar-Agar-Lösung schnell unter die restliche Flüssigkeit oder Sahnemasse rühren bzw. heben. Agar-Agar wird erst bei Temperaturen unter 30 °C fest. Wenn die gesamte Flüssigkeitsmenge gekocht wird, geht es auch einfacher: Rühren Sie das eingeweichte Agar-Agar in die heiße Flüssigkeit ein und kochen alles zusammen unter Rühren mindestens 2 Minuten.

Creme und Pudding

So gelingt's

Creme, Grütze, Pudding
für 4-6 Personen

ca. 75	g	Getreide
		Die Getreidemenge kann zwischen 50 und 100 g variieren. Sie ist abhängig von der Getreideart, dem Feinheitsgrad beim Mahlen sowie der Menge der zusätzlich verwendeten Zutaten (Nüsse, Sahne).
500	ml	Flüssigkeit, z. B. Milch, Fruchtsaft, Einweichwasser von Trockenfrüchten u. a., pur oder mit Wasser gemischt
1	Pr.	Salz
10-50	g	Honig (nach Geschmack)
		Gewürze
bis 200	g	Sauermilchprodukte oder Sahne, steif geschlagen (evtl.)

So wird's gemacht:
1. Getreide nach gewünschtem Feinheitsgrad mahlen.
2. Getreideschrot mit kalter Flüssigkeit und Salz verrühren und unter ständigem Rühren erwärmen.
3. Aufkochen lassen. Je nachdem wie grob das Getreide ist, 2-5 Minuten unter ständigem Rühren köcheln.
4. Nach Geschmack Süßungsmittel, Gewürze und andere Zutaten in die warme Masse einrühren, abschmecken und nachquellen lassen.
5. Eventuell steif geschlagene Sahne oder Sauermilchprodukte unter die ausgekühlte Masse heben.
6. Anrichten, garnieren und servieren.

Ein Pudding zum Stürzen
- Wenn Sie einen gestürzten Pudding kochen möchten, sollten Sie eher eine größere Getreidemenge (80-100 g pro 500 ml) verwenden und nur wenig oder keine weiteren Milchprodukte unterheben.
- Spülen Sie die Form oder Förmchen vor dem Einfüllen der Creme mit Wasser aus. Füllen Sie die heiße Masse in die Form und lassen sie darin auskühlen.
- Wenn Sie die Form vor dem Einfüllen mit Samen oder Nüssen auslegen oder bestreuen, löst sich die Masse beim Stürzen leichter aus der Form und erhält eine dekorative Oberfläche.
- Attraktiv sehen Schichtspeisen aus verschiedenfarbigen Massen nach dem Stürzen bzw. Aufschneiden aus, z. B. Kakao-, Maisgrieß- und Reiscreme. Die verschiedenen Puddings können dafür z. B. mit Fruchtmus aus Beeren noch zusätzlich eingefärbt werden.

Creme und Pudding

Getreidecreme – schön locker und cremig
- Für eine Creme können Sie von einer geringeren Getreidemenge ausgehen (50-75 g pro 500 ml).
- Besonders locker wird die Creme, wenn Sie geschlagene Sahne oder steif geschlagenes Eiweiß unter die etwas abgekühlte Masse heben.
  Oder: Rühren Sie Eigelb, Sauermilchprodukte, geriebenes oder püriertes Obst kräftig unter.
- Die Creme lässt sich mit Hilfe eines Spritzbeutels dekorativ anrichten. Garnieren Sie dann noch mit einem Tupfer steif geschlagener Sahne, Fruchtstücken, Nüssen, Kräutern u. a.

Dessertvariationen
- **Carobcreme** aus dem Grundrezept mit 75 g Weizen, 2 El Carob, gewürzt mit ½ Tl Zimt, 1 Tl abgeriebene Orangenschale, 1 Pr. Nelkenpulver und ergänzt durch 30 g gehackte, geröstete Haselnüsse und 100 g steif geschlagene Sahne.
- **Hafer-Orangen-Pudding** aus dem Grundrezept mit 75 g Hafer und frisch gepresstem Orangensaft statt Milch, gewürzt mit 1 Tl abgeriebener Zitronenschale und 1 Msp. Ingwerpulver. Den Boden der Sturzform vor dem Einfüllen der Masse mit Orangenfilets auslegen und den gestürzten Pudding mit angerösteten Haferflocken bestreuen.
- **Himbeersauce:** 400 g Himbeeren pürieren, durch ein Sieb streichen und mit etwas Honig, wenig Zitronenschale und -saft abschmecken.
- **Fruchtsalat** mit Quark-Vanille-Sauce aus 600 g gemischten Früchten der Jahreszeit und einer Sauce aus je 100-150 g Quark und Joghurt, etwas Honig, Naturvanille und Orangensaft, bestreut mit gehackten Pistazienkernen.

Der letzte Pfiff: Die Sauce zum Dessert
- Fruchtsaucen aus frischem, püriertem Obst sehen sehr dekorativ aus und passen gut zu fast allen Nachspeisen wie Eis, Getreidecremes, Pfannkuchen und Hefeteigbuchteln. Sie werden eventuell mit Honig gesüßt und mit z. B. Vanille, Zitronenschale oder -saft abgeschmeckt und mit Sauermilchprodukten oder Sahne verfeinert.
- Auch aus Milchprodukten wie Joghurt, Quark oder Sahne lassen sich schnell leckere Saucen rühren, die genauso universell einsetzbar sind.
- Fein gemahlenes Getreide eignet sich gut als Bindemittel, z. B. für eine Vanille-, Zitronen-, Kakao- oder Carobsauce. Je nach gewünschter Konsistenz benötigen Sie etwa 30-60 g feinst gemahlenes Vollkornmehl für 500 ml Flüssigkeit (z. B. Milch, Fruchtsaft …).
- Die fertige Sauce wird besonders sämig, wenn Sie sie noch zwei bis drei Minuten mit dem Mixstab bearbeiten. Was für die Saucenherstellung sonst noch wichtig ist, können Sie beim Thema „Suppen und Saucen" (Seite 113) nachlesen.

Speiseeis

Erfrischend und fruchtig: Selbstgemachtes Eis

Speiseeis ist ein köstlicher Genuss – nicht nur im Sommer. Die hohe Kunst der Zubereitung solcher Leckereien liegt darin, die Zutaten so zu gefrieren, dass sich möglichst kleine, feine Eiskristalle bilden und kein steinharter Klumpen entsteht.

Optimal ist es, Speiseeis mit Hilfe einer speziellen Eismaschine zu gefrieren. Klassische Geräte arbeiten mit einem Eis-Salzgemisch als Kühlmasse. Bei neueren Maschinen dient ein Kühlelement, das im Tiefkühler mehrere Stunden lang vorgefroren wird und die gespeicherte Kälte an die zu gefrierende Masse abgibt, als Kältespeicher. Bei technisch aufwendigeren Modellen wird das Gefriergut direkt über eine elektrische Kühlung gekühlt. Allen Eismaschinen ist gemeinsam, dass die Masse während des Gefriervorganges ständig gerührt wird. Durch die ständige Bewegung der gefrierenden Eiscreme wird gewährleistet, dass sich keine größeren Eiskristalle bilden und das Endprodukt geschmeidig in der Konsistenz bleibt.

Cremig per Hand

Einfache Frucht-, Milch- und Cremeeissorten sowie Sorbets lassen sich relativ problemlos mit der Tiefkühltruhe oder im Gefrierfach des Kühlschrankes zubereiten. Gelegentliches Umrühren genügt, um die Entstehung zu großer Eiskristalle zu verhindern – die dann fertige Eisspeise bekommt eine angenehme, zart schmelzende Struktur. Bei Parfaits ist dies aufgrund der schaumigen Konsistenz kein Problem, hier würde Umrühren während des Gefrierens eher schaden.

Die Zutaten

Die Zutaten haben einen ganz entscheidenden Einfluss auf die Konsistenz des Eises. Fettpartikel bilden bei der Verarbeitung eine Emulsion mit Wasser aus den Früchten oder Milchprodukten und mit eingearbeiteter Luft. Dadurch werden die Wassertröpfchen zerteilt und es bilden sich feine „Trennwände" zwischen ihnen, was von vornherein die Entstehung großer Kristalle einschränkt.
Durch die Zugabe von Ei wird dieser Effekt wesentlich verstärkt – das darin enthaltene Lecithin wirkt als Emulgator. Zusätzlich ist es günstig, die freie Flüssigkeit zu binden. In Frage kommt insbesondere Vollkornmehl bei erhitzten Massen bzw. Johannisbrotkernmehl bei kalten Massen. Das Wasser wird dabei stabil und gleichmäßig verteilt.
Bei Sorbets, die weder Fett, Eigelb noch Stabilisatoren enthalten, kann unter die leicht angefrorene Masse steif geschlagenes Eiweiß gehoben werden.

Grundsätzlich gilt: Je kleiner die Partikelgröße der Zutaten, um so weniger große Eiskristalle entstehen. An großen Teilchen (z. B. Kernen von Himbeeren oder Fruchtstückchen) lagern sich mit Vorliebe viele Eiskristalle an. Hier lohnt es sich, alles ganz fein zu pürieren (musartig) und zusätzlich durch ein Sieb zu streichen. Ganze Fruchtstücke zuzugeben, ist nicht zu empfehlen.

geschmackliche Variationen

Damit sind wir auch schon bei den vielen geschmacklichen Variationen, die Speiseeiszubereitungen bieten. Bei den Sorbets bestimmt die gewählte Frucht automatisch auch Aroma und Farbe (Beeren, Zitronen, Mango, Aprikosen, Pfirsich, Rhabarber (gekocht), Melonen, Pflaumen, Kirschen u. a.). Der feine Fruchtgeschmack wird sozusagen nur noch durch Süßungsmittel (Bananenmus, Honig, Dicksäfte, pürierte Trockenfrüchte ...), Gewürze wie Vanille, Zimt, Schale und Saft

Autor:
Georg Berger

Speiseeis

von Zitrusfrüchten, Anis, Ingwer u. a. sowie eventuell einem Schuss eines passenden alkoholischen Getränkes abgerundet. Auch Sorbets aus kreativen Fruchtmischungen schmecken.

Bei Parfaits und Milch- bzw. Sahneeiscreme wird meist von einer Vanillegrundmasse ausgegangen, die individuell abgewandelt werden kann. Selbstverständlich sind auch hier die Süßungsmittel beliebig austauschbar, oder Sie bereichern das Grundrezept (siehe Praxisteil Seite 126) durch 100-300 g Fruchtmark, 3-5 Esslöffel Instantkaffeepulver, 1-3 Esslöffel Kakao- oder Carobpulver, ca. 100 g geriebene Nüsse oder Ölsaaten, evtl. geröstet. Auch zerdrückte Bananen mit etwas Zitronensaft vermischt eignen sich gut, nehmen Sie dann aber nur etwa die Hälfte vom Süßungsmittel. Oder wie wäre es mit Kastanien-, Zimt-, Rum-, Kokos-, Tiramisu-, Waldhonigeiscreme bzw. -parfait. Bei Mohn sollten Sie beachten, dass er gemahlen und mit der Milch aufgekocht werden muss, damit das Eis hinterher nicht bitter schmeckt. Diese Grund-Geschmackszutaten werden nach Belieben noch mit diversen Gewürzen wie beim Sorbet abgerundet. Milch- und Sahneeis kann zusätzlich variiert werden, indem die Milch ganz oder zum Teil durch Sauermilchprodukte bzw. andere Flüssigkeiten (z. B. Kaffee für Kaffeeeis oder Apfelsaft für Apfeleis ...) ersetzt wird.

Fruchtiges Sorbet

Das Sorbet ist die einfachste Methode, im Haushalt Eis herzustellen. Dazu pürieren Sie beliebige reife Früchte und streichen Sie bei Bedarf durch ein feines Sieb (passieren), um z. B. die kleinen Kerne von Beeren zu entfernen. Nach Belieben würzen und in einem geeigneten Gefäß (z. B. Edelstahlschüssel) im Tiefkühlfach unter mehrmaligem Umrühren gefrieren. Wer das Sorbet besonders locker haben möchte, kann noch 1-2 steif geschlagene Eiweiß pro 500 g Fruchtmark unter die schon leicht angefrorene Masse heben. Dann wie beschrieben weitergefrieren, bis die gewünschte Festigkeit erreicht ist. Mit der Eismaschine geht's noch einfacher: Die abgeschmeckte Fruchtpüreemasse – mit oder ohne Eischnee – in der laufenden Eismaschine gefrieren.

Gehaltvolles Parfait

Ein Parfait – auch Halbgefrorenes oder Eisbiskuit genannt – besteht in der klassischen Form aus zwei Hauptkomponenten: Einer locker-leicht aufgeschlagenen Eischaummasse und steif geschlagener Sahne. Zusammen mit Süßungsmitteln, Gewürzen und Geschmackszutaten entsteht daraus eine luftige Eismasse. Das Vanilleparfait-Grundrezept kann durch verschiedene Zutaten beliebig variiert werden. Eine vom Parfait abgeleitete Form ist das Unterheben von Geschmackszutaten unter steif geschlagene Sahne. Diese Methode ist sehr einfach und geht schnell. Das Ergebnis ist noch gehaltvoller und kommt in Konsistenz und Geschmack allerdings nicht an das Original heran.

Milch- oder Sahneeiscreme

Milch- oder Sahneeiscreme sind die Eissorten, die üblicherweise in vielen Varianten fertig im Handel angeboten werden. Normalerweise wird die Milch erhitzt verarbeitet, das bringt hygienische Vorteile. Zusätzlich kann dann Vollkornmehl als Stabilisator verwendet werden, das erst nach 1-2 Minuten Köcheln die volle Quellfähigkeit entfaltet. Werden Eier mitverarbeitet, kann zudem die Bindefähigkeit der Eier optimal genutzt werden, wenn die heiße Milch in die Eischaummasse

Speiseeis

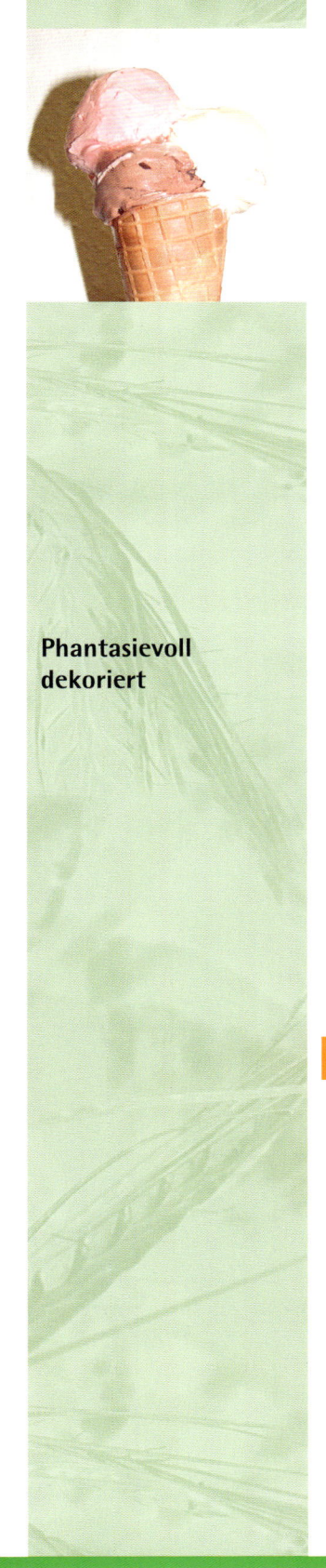

Phantasievoll dekoriert

gerührt wird. Andererseits dürfen Sauermilchprodukte nicht erhitzt werden, da sie sonst gerinnen. Aus diesem Grund bietet sich auch eine kalte Verarbeitungsmethode als Alternative an. Die Stabilisatorfunktion kann in diesem Fall Johannisbrotkernmehl (z. B. Biobin) übernehmen, das auch kalt gut quillt und bindet.

Nicht zu kalt servieren

Bei der Zubereitung aller Eissorten ist zu berücksichtigen, dass die Geschmackswirkung des fertigen Desserts durch die kalte Serviertemperatur abgeschwächt wird. Die Eismasse sollte deshalb etwas stärker aromatisiert werden. Speiseeis darf auch nicht zu kalt serviert werden: - 5 °C ist die optimale Verzehrstemperatur. Deshalb ist es günstig, Gefrorenes vor dem Genuss für etwa 15-30 Minuten in den Kühlschrank zu stellen. Besonders bei Gefrorenem, das ohne Eismaschine hergestellt wurde, ist es sinnvoll, die fertige Creme – frisch zubereitet oder in leicht angetautem Zustand – mit dem Rührgerät oder einem Stabmixer cremig-geschmeidig zu rühren. Bei der Verarbeitung mit der Eismaschine kann der Anteil an Ei, Sahne und Stabilisatoren stark reduziert werden. Natürlich sind auch Mischungen aus allen drei Grundeissorten möglich. Beispielsweise kann die Sorbetmasse unproblematisch mit 1/3 Eiscreme und/oder Parfaitmasse gemischt werden.

Aus dem fertigen Speiseeis lassen sich in Verbindung mit frischen Früchten, Fruchtmark, Milchprodukten, Nüssen usw. die tollsten Eisbecher und Desserts kreieren. Auch Milchshake oder Eiskaffee können ab und an begeistern. Biskuitrollen schmecken, mit Eiscreme gefüllt und gefroren als Eisroulade serviert, besonders gut. Entsprechend werden auch Eistorten zubereitet. Ein Sorbet ergibt mit Sekt, Wein oder Fruchtsaft übergossen eine prickelnde Erfrischung, die auch als Zwischengang im klassischen Menü anzutreffen ist.

Hier sei darauf hingewiesen, dass in diesem Artikel die tatsächlichen Möglichkeiten bei der Eiserzeugung dargestellt werden, die im privaten Bereich unproblematisch umgesetzt werden können. Eis für gewerbliche Zwecke muss den Richtlinien der Speiseeisverordnung entsprechen.

Gelegentlich genießen!

Bei all diesen Leckereien sollte nicht vergessen werden, dass Speiseeis mit Ausnahme der Sorbets meist ziemlich viel Fett und Ei enthält und auch wegen seiner Süße nur gelegentlich genossen werden sollte.

Speiseeis — So gelingt's

Sahneeis – Kalte Methode
Grundrezept: Vanille

3		Eiweiße
3		Eigelbe
100	g	Honig
1	Tl	Naturvanillepulver oder Vanillemark
1	Pr.	Salz
250	g	Milch und/oder Sauermilchprodukt
3-5	g	Johannisbrotkernmehl
250	g	Sahne

1. Eiweiße leicht anschlagen und mit ca. 1 Esslöffel Honig steif schlagen.
2. Eigelbe, restlichen Honig, Naturvanille und Salz aufschlagen, bis die Masse stabil und weißcremig ist.
3. Unter ständigem Rühren Milch, Johannisbrotkernmehl und eventuell andere Geschmackszutaten in die Dottermasse einrühren.
4. Sahne steif schlagen, mit dem Eischnee unter die Milch-Dottermasse heben und abschmecken.
5. wie Punkt 7. bei der heißen Methode.

Sahneeis – Heiße Methode
Grundrezept: Vanille

1-2		Eiweiß
1-2		Eigelb
100	g	Honig
250	g	Vollmilch
1	Tl	Naturvanillepulver oder Vanillemark
1	Pr.	Salz
15	g	Vollkornmehl, sehr fein gemahlen
250	g	Sahne

1. Eiweiß leicht anschlagen und mit ca. 1 Esslöffel Honig steif schlagen.
2. Eigelb und restlichen Honig aufschlagen, bis die Masse stabil und weißcremig ist.
3. Die Milch mit Naturvanille und Salz aufkochen, das Vollkornmehl einrühren und etwa 2 Minuten köcheln lassen.
4. Heiße Milch unter ständigem Rühren in die Dottermasse einrühren.
5. Eischnee unter die heiße Grundmasse heben und alles abkühlen lassen (Wasserbad).
6. Die Sahne steif schlagen, zusammen mit eventuell anderen Geschmackszutaten unter die ausgekühlte Grundmasse heben und abschmecken.
7. a) Eismasse in die laufende Eismaschine füllen und bis zur gewünschten Konsistenz gefrieren.
7. b) Eismasse im Tiefkühlfach unter gelegentlichem kräftigem Umrühren (etwa alle 15-30 Minuten) bis zur gewünschten Konsistenz gefrieren.

Speiseeis

Parfait

Grundrezept: Vanille

4		Eiweiße
4		Eigelbe
100	g	Honig
1	Tl	Naturvanillepulver oder Vanillemark
1	Pr.	Salz
250	g	Sahne

So wird's gemacht:
1. Eiweiße leicht anschlagen und mit ca. 1 Esslöffel Honig steif schlagen.
2. Eigelbe, restlichen Honig, Naturvanille und Salz aufschlagen, bis die Masse stabil weißcremig ist.
3. Sahne steif schlagen.
4. Die drei Schaummassen miteinander vermischen.
   Mit der Schaummasse werden auch andere geschmacksgebende Zutaten (z. B. Erdbeermark, geröstete und geriebene Nüsse oder Kakaopulver) und Gewürze (z. B. Zimt, Saft und Schale von Zitrusfrüchten oder passende Alkoholika) untergehoben.
5. In Formen abfüllen und gefrieren lassen. Parfait muss während des Gefrierens nicht durchgerührt werden.
6. Vor dem Verzehr 15-30 Minuten in den Kühlschrank stellen.

Sorbet

500	g	Fruchtfleisch
50-100	g	Honig
1	Pr.	Salz
		evtl. zur Frucht passende Gewürze
1-2		Eiweiß – falls gewünscht

So wird's gemacht:
1. Fruchtfleisch mit dem Mixstab fein mixen oder mit einer Gabel fein zerdrücken und eventuell durch ein feines Sieb streichen (passieren).
2. Honig, Salz und passende Gewürze zugeben und abschmecken.
3. a) Eiweiß steif schlagen (falls gewünscht), unter die Fruchtpüreemasse heben und die Masse in der Eismaschine bis zur gewünschten Konsistenz gefrieren.
3. b) Fruchtpüreemasse in das Tiefkühlfach stellen. Alle 30 Minuten umrühren – wenn die Masse zu gefrieren beginnt, das Eiweiß steif schlagen und unterheben. Ab dann etwa alle 15 Minuten kurz und kräftig durchrühren, bis das Sorbet die gewünschte Festigkeit hat.

Impressum

Herausgeber: Verband für Unabhängige Gesundheitsberatung e.V. (UGB)
Sandusweg 3, D-35435 Wettenberg

Redaktion: Dipl. oec. troph. Kathi Dittrich
Dipl. oec. troph. Wiebke Franz
Dipl. oec. troph. Lisa Vogel
Renate Kräft, Hauswirtschaftliche Betriebsleiterin

Unter Mitarbeit von: Hubert Hohler, leitender Küchenchef der Buchinger Klinik am Bodensee, Überlingen
Hardy Lang, stellvertretender Küchenchef der Kurparkklinik, Überlingen
Bernd Trum, Leiter der Beratungsfirma Küchen-Management Trum und der Front-Cooking Akademie

Design und Satz: DTP-Office, Heribert Klasser

Fotos: Lisa Vogel, UGB
außer Bio-Spitzenköche (Titel, S. 81), aid infodienst (Titel, S. 3, 33), DigiTouch Collection (S. 17)

Verlag und Vertrieb: UGB Beratungs- und Verlags-GmbH

Copyright: © UGB Beratungs- und Verlags-GmbH, Gießen 1994, 2. völlig neu überarbeitete Auflage, 2007

ISBN 978-3-8222-0043-8, € 14,90

Dieses Werk ist urheberrechtlich geschützt. Die dadurch begründeten Rechte, insbesondere die der Übersetzung, des Nachdrucks, der Entnahme von Fotos, Abbildungen oder Tabellen, der Funksendung, der Mikroverfilmung oder der Vervielfältigung auf anderen Wegen und der Speicherung in Datenverarbeitungsanlagen Dritter, bleiben, auch bei nur auszugsweiser Verwertung, vorbehalten. Die Weitergabe mit Zusätzen, Aufdrucken und Aufklebern ist nur mit schriftlicher Genehmigung des Herausgebers gestattet. Eine Vervielfältigung des Werkes oder von Teilen dieses Werkes ist auch im Einzelfall nur in den Grenzen der gesetzlichen Bestimmungen des Urheberrechts der Bundesrepublik Deutschland in der jeweiligen geltenden Fassung zulässig. Sie ist grundsätzlich vergütungspflichtig. Zuwiderhandlungen unterliegen den Strafbestimmungen des Urheberrechtsgesetzes.

Autoren, Herausgeber und Verlag haben sich größte Mühe gegeben, den Inhalt dieses Werkes frei von Fehlern zu publizieren. Da die Erfahrung gezeigt hat, dass sich trotz größten Bemühens Fehler einschleichen können und sich der Stand der Wissenschaft weiterentwickelt, können weder das Autoren-Team noch Herausgeber oder Verlag eine Haftung übernehmen.